Grundschule

Gabriela Rosenwald

Schule früher & heute an Stationen

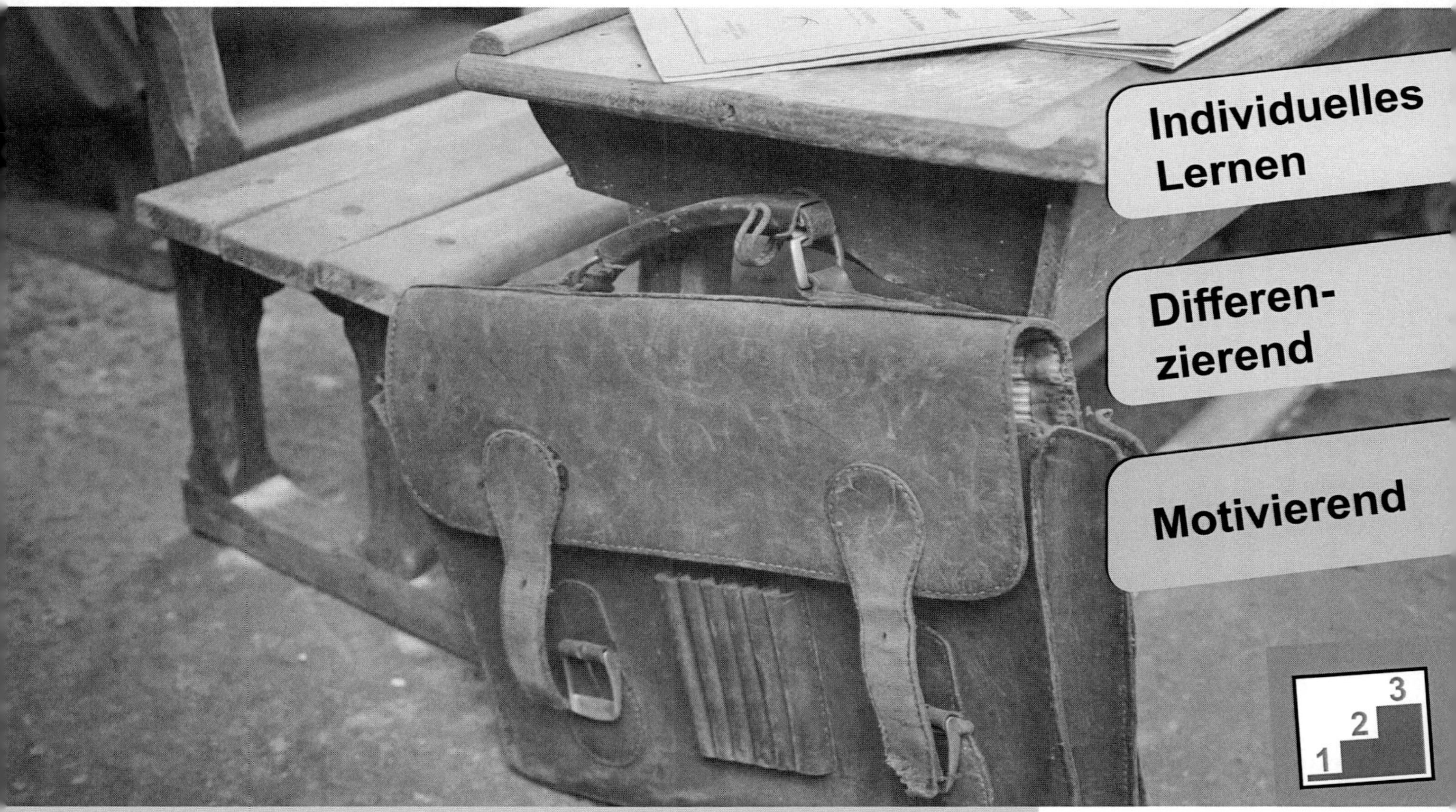

Individuelles Lernen

Differenzierend

Motivierend

1 2 3

- Übersichtliche Aufgabenkarten
- Schnelle Vorbereitung
- Mit Lösungen zur Selbstkontrolle

www.kohlverlag.de

Schule früher & heute an Stationen – Grundschule

7. Auflage 2024

Inhalt: Gabriela Rosenwald
Coverbild: © mariesacha - AdobeStock.com
Grafik & Satz: Eva-Maria Noack & Kohl-Verlag
Redaktion: Kohl-Verlag
Druck: farbo prepress GmbH, Köln

Bestell-Nr. 12 146

ISBN: 978-3-96040-236-7

Bildquellen:

Seite 3: © padmasanjaya - AdobeStock.com, © artkox - AdobeStock.com; **Seite 9**: © comsorg - AdobeStock.com, © Cartoon images - AdobeStock, © wikimedia.org; **Seite 10**: © alestraza - AdobeStock, © wikimedia.org; **Seite 11**: © Erica Guilane-Nachez - AdobeStock, © Edelseider - wikimedia.org; **Seite 12**: © Erica Guilane-Nachez - AdobeStock, © Superhasi - AdobeStock, © Guido Grochowski - AdobeStock; **Seite 13**: © lynea - AdobeStock.com, © Erica Guilane-Nachez - AdobeStock (4x); **Seite 14**: © Anna Velichkovsky - AdobeStock.com, © Erica Guilane-Nachez - AdobeStock (4x); **Seite 15**: © Flickr upload bot - wikimedia.org, © Erica Guilane-Nachez - AdobeStock; **Seite 16**: © wikimedia.org, © jihane37 - AdobeStock.com; **Seite 17**: © dreamblack46 - AdobeStock, © Alexey Bannykh - AdobeStock.com; **Seite 18**: © wikimedia.org, © Levente Janos - AdobeStock; **Seite 19**: © Eva Maria Hetterich - AdobeStock, © hydebrink - AdobeStock; **Seite 20**: © DALIBRI - wikimedia.org, © Andreas Laser - AdobeStock; **Seite 21**: © artfocus - AdobeStock, © Lasa - AdobeStock; **Seite 22**: © artfocus - AdobeStock,© Nikola Bilic - AdobeStock; **Seite 23**: © bubululu - AdobeStock.com, © Flavijus Piliponis - AdobeStock (bearbeitet); **Seite 24**: © corinnah - AdobeStock.com© Flavijus Piliponis - AdobeStock (bearbeitet); **Seite 25**: © jihane37 - AdobeStock.com, © gjeerawut - AdobeStock; **Seite 26**: © Klara Viskova - AdobeStock.com, © kisara - AdobeStock, © rgb4you - AdobeStock, © hermandesign2015 - AdobeStock, © katerina_dav - AdobeStock; **Seite 27**: © IRStone - AdobeStock.com; **Seite 28**: © Klara Viskova - AdobeStock; **Seite 29**: © wikimedia.org; **Seite 30**: © Graferocommons - wikimedia.org; **Seite 31**: © wikimedia.org (2x); **Seite 32**: © wikimedia.org, © Gstudio Group - AdobeStock.com; **Seite 33**: © wikimedia.org (4x); **Seite 34**: © hamadesign_1019 - AdobeStock, © lotosfoto - AdobeStock; **Seite 35**: © K.-U. Häßler - AdobeStock, © svetlana67 - AdobeStock.com, © Hutschi - wikimedia.org, © Björn Wylezich - AdobeStock.com, © Armin Staudt - AdobeStock.com, © mhatzapa - AdobeStock.com; **Seite 36**: © Hutschi - wikimedia.org, © K.-U. Häßler - AdobeStock, © Armin Staudt - AdobeStock.com, © Björn Wylezich - AdobeStock.com, © svetlana67 - AdobeStock.com, © Sérgio R. Ferreirinho - wikimedia.org; **Seite 37**: © Captain Crunch - wikimedia.org, © E.O. - AdobeStock, © Olga Galushko - AdobeStock; **Seite 38**: © wikimedia.org, © Immanuel Giel - wikimedia.org; **Seite 39**: © jihane37 - AdobeStock.com, © Historiograf - wikimedia.org; **Seite 40**: © Thomas Bethge - AdobeStock, © David - AdobeStock.com, © childrendrawings - AdobeStock.com; **Seite 41**: © Fma12 - wikimedia.org; **Seite 42**: © SlgKÜu - wikimedia.org; **Seite 43**: © wikimedia.org; **Seite 44**: © Lorelyn Medina - AdobeStock.com; **Seite 45**: © Natalie_Thomson - AdobeStock.com; **Seite 46**: © Natalie_Thomson - AdobeStock.com, © wikimedia.org; **Seite 47**: © Archivist - AdobeStock.com, © Björn Wylezich - AdobeStock.com; **Seite 48**: © industrieblick - AdobeStock.com, © vadim yerofeyev - AdobeStock.com; **Seite 49**: © snyGGG - AdobeStock.com, © wikimedia.org; **Seite 50**: © brozova - AdobeStock.com, © Vector Tradition SM - AdobeStock.com; **Seite 51**: © Igor Zakowski - AdobeStock.com, © notkoo2008 - AdobeStock.com; **Seite 52**: © virinaflora - AdobeStock.com, © notkoo2008 - AdobeStock.com; **Seite 53**: © Cartoon images - AdobeStock.com, © alinart - AdobeStock.com; **Seite 54**: ©alinart - AdobeStock.com - AdobeStock.com, © PrintEquipment - AdobeStock.com; **Seite 55**: © fotofabrika - AdobeStock.com, © Rama - wikimedia.org; **Seite 56**: © wikinger - AdobeStock.com, © ServiceAT - wikimedia.org, © CES1596 - wikimedia.org, © Wdwdbot - wikimedia.org, © michaklootwijk - AdobeStock.com, © Maksym yemelyanov - AdobeStock.com, © by-studio - AdobeStock.com; **Seite 57**: © Sushi - AdobeStock.com, © imagination13 - AdobeStock.com, © Jmabel - wikimedia.org; **Seite 58**: © Sushi - AdobeStock.com, © Lorelyn Medina - AdobeStock.com; **Seite 59**: © wikimedia.org; **Seite 60**: © Christine Wulff - AdobeStock.com, © Alexey Bannykh - AdobeStock.com; **Seite 61/62**: © kharlamova_lv - AdobeStock.com (3x); **Seite 63**: © VIGE.co - AdobeStock.com, © Artalis - AdobeStock; **Seite 64**: © radenmas - AdobeStock.com, © agaes8080 - AdobeStock.com, **Seite 65**: © padmasanjaya - AdobeStock.com, © wikimedia.org; **Seite 66**: © padmasanjaya - AdobeStock.com, © Erica Guilane-Nachez - AdobeStock; **Seite 67**: © cirodelia - AdobeStock.com; **Seite 68**: © Reimmichl-212 - wikimedia.org, © antonbrand - AdobeStock.com; **Seite 69**: © nesrincelik - AdobeStock.com, © Thomas - AdobeStock.com, © wikimedia.org, © virtisus - AdobeStock.com; **Seite 70**: © Alexey Bannykh - AdobeStock.com, © Fotomanufaktur JL - AdobeStock.com; **Seite 71**: © GraphicsRF - AdobeStock.com, © SupapleX - wikimedia.org, © janista - AdobeStock.com; **Seite 72**: © SupapleX - wikimedia.org; **Seite 73**: © GraphicsRF - AdobeStock.com, © Michaael Grey - AdobeStock.com; **Seite 74**: © GraphicsRF - AdobeStock.com (2x), © Chestnut_St._(17127995649) - wikimedia.org; **Seite 75**: © Björn Wylezich - AdobeStock.com; **Seite 76**: © tiff20 - AdobeStock.com; **Seite 77**: © wikimedia.org, © Christian Schwier - AdobeStock.com; **Seite 78**: © Ras67 - wikimedia.org, © Bernd Schwabe - wikimedia.org, © Kakigori Studio - AdobeStock.com; **Seite 79**: © Fæ - wikimedia.org, © Rawpixel - AdobeStock; **Seite 80**: © photophonie - AdobeStock.com, © Igor Zakowski - AdobeStock.com

Der vorliegende Band ist eine Print-Einzellizenz

Sie wollen unsere Kopiervorlagen auch digital nutzen? Kein Problem – fast das gesamte KOHL-Sortiment ist auch sofort als PDF-Download erhältlich! Wir haben verschiedene Lizenzmodelle zur Auswahl:

	Print-Version	PDF-Einzellizenz	PDF-Schullizenz	Kombipaket Print & PDF-Einzellizenz	Kombipaket Print & PDF-Schullizenz
Unbefristete Nutzung der Materialien	x	x	x	x	x
Vervielfältigung, Weitergabe und Einsatz der Materialien im eigenen Unterricht	x	x	x	x	x
Nutzung der Materialien durch alle Lehrkräfte des Kollegiums an der lizenzierten Schule			x		x
Einstellen des Materials im Intranet oder Schulserver der Institution			x		x

Die erweiterten Lizenzmodelle zu diesem Titel sind jederzeit im Online-Shop unter www.kohlverlag.de erhältlich.

Inhalt

Vorwort

Sehr geehrte Leserinnen und Leser,

die Geschichte der Schule – und der Kindheit früher – wird kurz skizziert, doch das Schulleben im 20. Jahrhundert ist Hauptthema dieser Seiten.

Oma und Opa – für unsere Kinder auch Uroma und Uropa – erzählen Schulerlebnisse. Alte Schulhäuser werden gezeigt, Bücher, Schriften, Schreibgeräte, Rechenhilfen (es gab so etwas schon vor dem Taschenrechner!) werden beschrieben, und für unsere Schüler gibt es einiges zu sehen, zu staunen und zu bedenken. Bei den Aufgaben ist Forschungsgeist gefragt!

Unsere „Freizeit bezogene" Jugend lernt das Leben der Mädchen und Jungen in den vorherigen Jahrhunderten kennen. War die gute, alte Zeit wirklich besser?

Diskussionsbedarf!

Die verschiedenen Niveaustufen entsprechen dem unterschiedlichen Leistungsver-mögen der Schüler. Es gibt viele interessante Aufgabenkarten mit Selbstkontrolle.

Dabei wird differenziert:

⊙ = grundlegendes Niveau

! = mittleres Niveau

 = erweitertes Niveau

Die Aufgaben zum grundlegenden Niveau sollten von allen Schülern bearbeitet werden können und enthalten ein „Grundwissen". Aufgaben mit mittlerem Niveau bieten Erweiterungen und höhere Anforderungen. Die Aufgaben des erweiterten Niveaus enthalten vertiefende oder weiterführende Inhalte. Je nach Leistungsstand können Sie jedoch problemlos Stationen anders kennzeichnen.

Die Stationen können in Einzel-, Partner- oder Gruppenarbeit durchlaufen werden. Oben auf den Karten können Sie die Arbeitsform eintragen.

In den Lösungen finden sich, nach den Aufgabenummern geordnet, die Antworten. Die Lösungskarten, evtl. laminiert, lassen sich immer wieder verwenden.

Erfolgreiches Lernen und viel Freude mit diesem Heft wünschen Ihnen der Kohl-Verlag und

Gabriela Rosenwald

Die Stationen im Überblick

KOHL VERLAG
Schule früher & heute an Stationen
Grundschule – Bestell-Nr. 12 146

Die Stationen im Überblick

4 Schreiben und Lesen

Stationsname	Niveau	Seite
Vom Griffel zum Füller	⊙	35
Der Bleistift	!	35
Die Buntstifte	!	37
Herstellung einer Schreibfeder und einer Wachstafel	⊙ ! ★	37
Schreiben auf der Schiefertafel	⊙	39
Die Hausaufgaben	⊙	39
Die alte „Deutsche Schrift" oder Sütterlin-Schrift	!	41
Schreiben mit Feder und Tinte	⊙ ! ★	41
Eine alte Fibel	⊙	43
Geheimschrift – dein Name	!	43
Schreiben früher und heute – Zusammenfassung	⊙	45
Deutsche Druckschrift – Frakturschrift	!	45
Die Geschichte des Papiers	★	47
So entsteht ein Schulheft	★	47

5 Rechnen

Stationsname	Niveau	Seite
Vom Kerbholz bis zum Taschenrechner	⊙	49
Nach Adam Riese ...	★	49
Unsere Zahlen heute	!	51
Ägyptische Zahlen	!	51
Die römischen Zahlen	⊙	53
Römische Besonderheiten	!	53
Der Abakus	⊙	55
Die Rechenmaschinen	★	55

Die Stationen im Überblick

6 Das Schulleben

7 Spiele und Freizeit

Name: ______________________ Datum: ____________

Stationen-Laufzettel

⊙ Grundlegendes Niveau

Station	Stationsname	erledigt	korrigiert

! Mittleres Niveau

Station	Stationsname	erledigt	korrigiert

✶ Erweitertes Niveau

Station	Stationsname	erledigt	korrigiert

1 Schulgeschichte

Ganz, ganz früher

Die Menschen lernten früher von ihren Vorfahren: die Jungen gingen mit Vater und Großvater auf die Jagd, zum Fischfang, fertigten Waffen an, bestellten das Feld oder betrieben Viehzucht. Die Mädchen halfen den Frauen beim Nähen, bei der Nahrungszubereitung und der Erziehung und Betreuung der Kinder. Doch schon im alten Rom oder Griechenland gab es gelehrte Männer, die auserwählten Schülern Unterricht erteilten.

Aufgabe: a) *Was lernten die Kinder früher von ihren Eltern und Großeltern?*

____

____

b) *Wer bekam schon im alten Rom oder Griechenland Unterricht?*

____

c) *Wer erteilte den Unterricht?*

____

!

1 Schulgeschichte

Schule im 18. Jahrhundert

Der preußische König Friedrich Wilhelm I. befahl 1717 die allgemeine Schulpflicht. Kinder vom 5. bis zum 12. Lebensjahr sollten zur Schule gehen und erst entlassen werden, wenn sie lesen, schreiben und den Katechismus (christliche Glaubenslehre) auswendig können. Friedrich der II. von Preußen (der Alte Fritz) legte die Schulzeit 1763 auf 8 Jahre fest. Der Begriff „Volksschule" (auch Landschule oder Dorfschule) wurde 1779 eingeführt.
Bis zur Einführung der Schulpflicht gab es Privatunterricht. Meistens waren es arme Pastoren oder Gelehrte, die als Hauslehrer angestellt wurden. Manches Mal trat auch das Fräulein oder die „Gouvernante" auf den Plan. Sie lehrte vor allem den Mädchen Klavierspiel, Sprachen, Handarbeiten und brachte den jungen Damen Anstandsregeln und Benehmen bei. Die Erziehung war streng. 1919 wurde die Schulpflicht einheitlich für ganz Deutschland festgeschrieben.

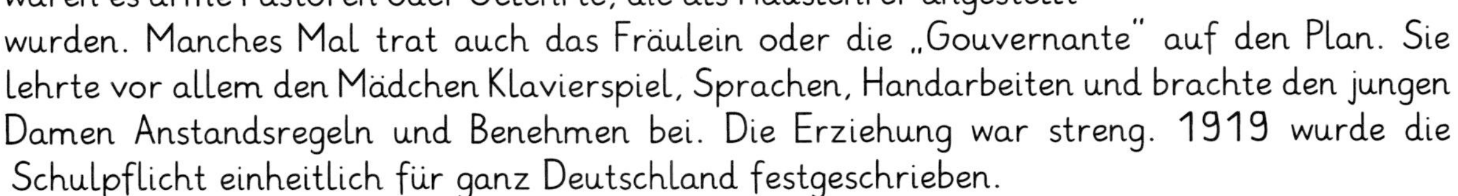

Aufgabe: a) *Wie hieß der „Alte Fritz" mit vollem Namen?*

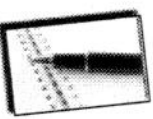

b) *Durch wen und wann wurde das Gesetz zur allgemeinen Schulpflicht erlassen?*

c) *Besprecht und notiert, welche Vor- und Nachteile der Privatunterricht bei einem Hauslehrer oder einer Gouvernante hatte.*

KOHL VERLAG Lernen mit Erfolg
Schule früher & heute an Stationen
Grundschule – Bestell-Nr. 12 146

Ganz, ganz früher

1 Schulgeschichte

Lösungen

Aufgabe:

a) Die Jungen gingen mit Vater oder Großvater auf die Jagd, zum Fischfang, fertigten Waffen an, bestellten das Feld oder betrieben Viehzucht.
Die Mädchen halfen den Frauen beim Nähen, bei der Nahrungszubereitung und der Erziehung und Betreuung der Kinder.

b) Auserwählte Schüler erhielten schon in Rom oder Griechenland Unterricht.

c) Gelehrte Männer erteilten den Unterricht.

Schule im 18. Jahrhundert

!

1 Schulgeschichte

Lösungen

Aufgabe:

a) Der volle Name des Alten Fritz war Friedrich II. von Preußen.
Von 1772 bis zu seinem Tode war er König von Preußen.

b) Friedrich I. befahl 1717 die allgemeine Schulpflicht.

c) freie Antworten

Familien früher – Arbeiter- und Bauernfamilien

In den Arbeiter- und Bauernfamilien mussten die Kinder ab 10 Jahren täglich 10 bis 14 Stunden in der Fabrik, auf dem Feld oder im Stall arbeiten, um den nötigsten Unterhalt für die Familie zu erhalten. Die Bauernkinder gingen im Winter hin und wieder zur Schule, die Arbeiterkinder kamen kaum dazu.
Anders als in Bauernfamilien konnten die jüngeren Arbeiterkinder noch wenig zum Familienunterhalt beitragen. Oft bestand die Wohnung nur aus einem Raum. Trotzdem hatten sie oft eine engere Bindung zu ihren Eltern. Die Bauersfrau musste ja immer in den Stall oder aufs Feld, eine Arbeiterfrau war nicht immer berufstätig und konnte sich um die Kinder kümmern. Aber Bildung (Lesen, Schreiben, Rechnen) war kein wichtiges Thema, so lebten die Kinder weiter in den ärmlichen Verhältnissen.

Aufgabe:

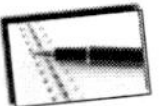

a) *Warum gingen die Arbeiterkinder seltener zur Schule als die Bauernkinder?*

b) *Was zählte man zu Bildung?*

c) *Was hätte eine Bildung für die Kinder bedeutet?*

Schule früher & heute an Stationen Grundschule – Bestell-Nr. 12 146
KOHL VERLAG

Familien früher – die Kaufleute

!

1 Schulgeschichte

Die Kaufleute verdienten zu dieser Zeit viel Geld. So erhielten die Kinder eigene Räume und bekamen Spielzeug. Jungen hatten allerdings mit Schaukelpferd, Ritterburg, Baukasten und Waffen zu spielen, während es für die Mädchen Puppen, Puppenstuben und Nähkästchen gab. Das spätere Leben wurde so vorprogrammiert.

Aufgabe: *Setze die Spielsachen der Kinder in das Gitter ein. In den dunklen Kästchen ergibt sich ein Lösungswort. Die Anfangsbuchstaben sind zur Hilfe vorgegeben.*

				B					■								
						P			■								
								R	■								
					P				■								
		S							■								
N									■								
				W					■								

Schule früher & heute an Stationen Grundschule – Bestell-Nr. 12 146
KOHL VERLAG

Familien früher – Arbeiter- und Bauernfamilien

Lösungen

Aufgabe:

a) Im Winter war in der Landwirtschaft nicht so viel zu tun. So hatten die Bauernkinder in dieser Jahreszeit Zeit, zur Schule zu gehen.

b) Schreiben, Lesen und Rechnen zählte zur Bildung.

c) Die Kinder hätten andere Berufe wählen können.

Familien früher – die Kaufleute

1 Schulgeschichte

Lösungen

<table>
<tr><td></td><td></td><td></td><td></td><td>B</td><td>A</td><td>U</td><td>K</td><td>A</td><td>S</td><td>T</td><td>E</td><td>N</td><td></td><td></td><td></td><td></td><td></td></tr>
<tr><td></td><td></td><td></td><td></td><td></td><td></td><td>P</td><td>U</td><td>P</td><td>P</td><td>E</td><td>N</td><td></td><td></td><td></td><td></td><td></td><td></td></tr>
<tr><td></td><td></td><td></td><td></td><td></td><td></td><td></td><td></td><td>R</td><td>I</td><td>T</td><td>T</td><td>E</td><td>R</td><td>B</td><td>U</td><td>R</td><td>G</td></tr>
<tr><td></td><td></td><td></td><td></td><td></td><td>P</td><td>U</td><td>P</td><td>P</td><td>E</td><td>N</td><td>S</td><td>T</td><td>U</td><td>B</td><td>E</td><td></td><td></td></tr>
<tr><td></td><td></td><td>S</td><td>C</td><td>H</td><td>A</td><td>U</td><td>K</td><td>E</td><td>L</td><td>P</td><td>F</td><td>E</td><td>R</td><td>D</td><td></td><td></td><td></td></tr>
<tr><td>N</td><td>Ä</td><td>H</td><td>K</td><td>Ä</td><td>S</td><td>T</td><td>C</td><td>H</td><td>E</td><td>N</td><td></td><td></td><td></td><td></td><td></td><td></td><td></td></tr>
<tr><td></td><td></td><td></td><td></td><td>W</td><td>A</td><td>F</td><td>F</td><td>E</td><td>N</td><td></td><td></td><td></td><td></td><td></td><td></td><td></td><td></td></tr>
</table>

Schule früher & heute an Stationen

Familien früher – der Adel

An oberster Stelle der Ständehierarchie stand der Adel, darüber zeitweise die Monarchie (König oder Königin). Diesem Stand gehörte ebenso der Klerus (die Priester) an. Adel und Klerus besaßen Vorteile durch Erbschaft und Abstammung, die sie weiter vererben konnten.
Im Adel waren Ammen, Kindermädchen, Bedienstete und Gouvernanten die Vertrauenspersonen der Kinder. Viele Jungen besuchten ab 10 Jahren eine Kadettenschule, um sich auf eine militärische Laufbahn vorzubereiten. Die Mädchen wurden zwischen 10 und 12 Jahren in Pensionate oder Klosterschulen geschickt, damit sie ihrer späteren Rolle als adlige Hausherrin gerecht würden.

Aufgabe: *Du findest eine Reihe fremder Wörter. Schaue im Lexikon, im Internet oder lasse sie von jemandem erklären. Schreibe die Wörter in dein Heft und die Bedeutung dahinter:*

Amme • Gouvernante • Adel • Disziplin •
Pensionat • Kadettenschule • Monarchie • Klerus

1 Schulgeschichte

Bürgermeister, Arzt, Pfarrer und Lehrer

Aufgabe: *Bürgermeister, Arzt, Pfarrer und Lehrer waren früher im Dorf oder den kleinen Städten die wichtigsten Persönlichkeiten. Ordne die Bilder und Texte zu.*

A
Der Arzt war auf dem Land lange nicht selbstverständlich. Krankheiten wurden mit Hausmitteln behandelt. Durch den Fortschritt der Medizin in der 2. Hälfte des 19. Jahrhunderts stiegen die Fähigkeiten und damit das Ansehen der Ärzte.

B
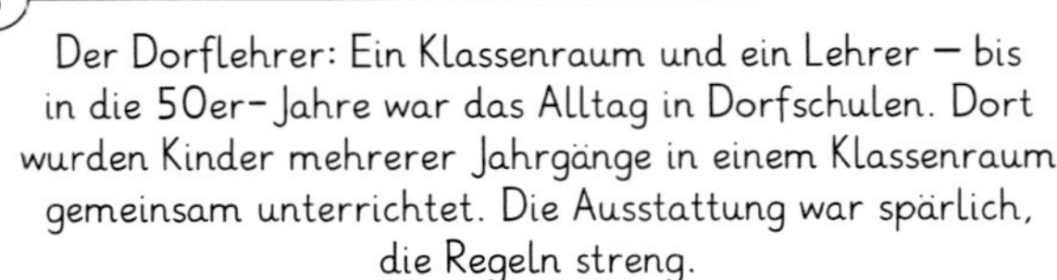
Der Dorflehrer: Ein Klassenraum und ein Lehrer – bis in die 50er-Jahre war das Alltag in Dorfschulen. Dort wurden Kinder mehrerer Jahrgänge in einem Klassenraum gemeinsam unterrichtet. Die Ausstattung war spärlich, die Regeln streng.

C
Der Pfarrer und die Kirche standen im Mittelpunkt des Dorfes. Der Herr Pastor kannte Sorgen und Nöte seiner Mitmenschen. Ob Taufe, Hochzeit oder Beerdigung – er begleitete sie von der Geburt bis zum Tod. Der Kirchgang am Sonntag war selbstverständlich.

D
Bürgermeister standen seit dem 13. Jahrhundert an der Spitze des Stadtrats. In einem Dorf stammte er oft aus der bäuerlichen Oberschicht und blieb meist lebenslang im Amt. Er leitete die Gemeindeversammlungen und hatte den Vorsitz im Dorfgericht.

Schule früher & heute an Stationen
Grundschule – Bestell-Nr. 12 146

1 Schulgeschichte

Familien früher – der Adel

Lösungen

Aufgabe:

Amme	Eine Frau, die ein fremdes Kind stillt
Adel	Gesellschaftsschicht, die hohes Ansehen genoss und besondere Rechte hatte
Gouvernante	Erzieherin, Hauslehrerin für Mädchen aus vornehmen Elternhäusern
Kadettenschulen	Sie sollten ihren Schülern neben der allgemeinen Bildung auch Kenntnisse vermitteln, die Offiziere in ihrem Beruf und zur weiteren Fortbildung benötigten.
Militär	Streitkräfte eine Staates, z. B. Offiziere und Soldaten
Pensionat	Privates Internat für Mädchen
Monarchie	Alleinherrschaft von Königen oder Königinnen
Klerus	Priesterschaft

1 Schulgeschichte

Bürgermeister, Arzt, Pfarrer und Lehrer

Aufgabe: Die Bilder von links nach rechts zeigen
A: den Lehrer, B: den Pfarrer, C: den Bürgermeister und D: den Arzt.

A

B

C

D

Kinderarbeit und Jugendschutz

Auch früher waren viele Familien auf den Lohn von Frauen und Kindern angewiesen. Die Fabrikbesitzer nahmen sie gerne in Dienst. Sie erhielten einen viel geringeren Lohn als Männer und waren geschickter bei feineren Arbeiten (z. B. in Spinnereien und Textilfabriken).
1839 wurde erstmalig in Preußen ein Kinderschutzgesetz erlassen. Es legte fest, dass „jugendliche Arbeiter in Fabriken, Berg- und Hüttenwerken" nicht länger als 10 Stunden am Tag arbeiten dürfen. Die Überlegung war, dass Kinder ohne Schulbesuch keine guten und gebildeten Staatsbürger würden. Nun mussten die Kinder neben ihrem 10-stündigen Arbeitstag noch mindestens zwei Stunden die Schule besuchen. Dazu kamen die oft langen Fußwege. So blieb für die Kinder kaum Zeit zum Spielen.

Aufgabe:

a) *Was brachte das Kinderschutzgesetz den Kindern?*

b) *Rechne mit:*
10 Stunden Arbeit, 2 Stunden Schule, 2 Stunden Schulweg, 8 Stunden schlafen – wie viel Freizeit blieb den Kindern?

c) *Wie sieht das heute bei dir aus?*

Schule früher & heute an Stationen Grundschule – Bestell-Nr. 12 146

1 Schulgeschichte

Das Kinderschutzgesetz

1903 wurde das erste gesamtdeutsche Kinderschutzgesetz erlassen. Es galt ab dem 1. Januar 1904. So durften im Handel keine Kinder unter zwölf Jahren beschäftigt werden. Im Fuhrwerksbetrieb galt dagegen eine Altersgrenze von 14 Jahren. Die Landwirtschaft fiel gar nicht unter das Gesetz, sodass hier auch jüngere Kinder weiterhin arbeiten mussten.
Im Deutschen Kaiserreich (1871 – 1918) verbot das Arbeitsschutzgesetz jede Beschäftigung von Kindern unter 13 Jahren in Fabriken. Kinder von 13 bis 14 Jahren durften sechs Stunden, Jugendliche von 14 bis 16 Jahren zehn Stunden täglich arbeiten.

Aufgabe:

a) *Ab wann galt das erste gesamtdeutsche Kinderschutzgesetz?*

b) *Wenn du unter 12 Jahren bist – wann und was darfst du arbeiten?*

Schule früher & heute an Stationen Grundschule – Bestell-Nr. 12 146

1 Schulgeschichte

Kinderarbeit und Jugendschutz

Lösungen

Aufgabe:

a) Die Kinder mussten neben ihrer Arbeit noch mindestens 2 Stunden zur Schule gehen. Also nahm das Gesetz den Kindern noch mehr ihrer wenigen Freizeit.

b) Nach dieser Rechnung blieben den Kindern etwa 2 Stunden vom Tag als Freizeit. Wahrscheinlich mussten die Kinder der Arbeiter und Bauern dann in der Familie noch helfen, also so gut wie nichts.

c) freie Antworten

1 Schulgeschichte

Das Kinderschutzgesetz

Lösungen

Aufgabe:

a) Ab dem 1. Januar 1904 galt das erste gesamtdeutsche Kinderschutzgesetz.

b) In Deutschland ist Kinderarbeit heute durch das Jugendarbeitsschutzgesetz geregelt: Arbeit von Kindern oder Jugendlichen, die noch schulpflichtig sind, ist verboten. Ausnahmen, beispielsweise für leichte Tätigkeiten für Kinder ab 13 Jahren, sind möglich.

!

1 Schulgeschichte

Schule im 19. Jahrhundert

In der Schule sollte den Kindern vor allem Gehorsam, Fleiß, Ordnung und Sauberkeit beigebracht werden. Mit Ruten- oder Stockschlägen bemühten sich die Lehrer Disziplin durchzusetzen. Die Schüler mussten gehorchen. Auch Strafarbeiten waren ein Erziehungsmittel. Das Wichtigste war das ruhige Sitzen.

Ein Beschluss (aus dem Jahre 1886) gibt eine Haltung der Kinder beim Schreiben vor:

- Die Füße der Schüler müssen mit der ganzen Sohle auf dem Boden stehen.
- Die Oberschenkel müssen auf der Bank aufliegen. Die Schüler dürfen nicht auf der Kante sitzen.
- Der Oberkörper ist gerade zu halten und darf nicht angelehnt werden.
- Der Kopf muss gerade gehalten werden.
- Der linke Unterarm liegt ganz, der rechte zum Teil auf der Tischplatte.

Aufgabe:

a) *Was sollten die Kinder in der Schule in erster Linie lernen?*

b) *Versuche mal, so zu sitzen, wie es früher befohlen war.*

c) *Beschreibe, wie du beim Schreiben sitzt. Was ist besser?*

Schule früher & heute an Stationen Grundschule – Bestell-Nr. 12 146

KOHL VERLAG Lernen mit Erfolg

1 Schulgeschichte

Das Schulhaus

In einem Dorf konnte 1830 endlich das neue Schulhaus mit Lehrerwohnung gebaut werden. Vorher fand der Unterricht in einem Gasthaus statt. Doch wenn es Hochzeiten oder Tanz gab, musste die Schule oft ausfallen.

Aufgabe:

a) *Was hielten die Kinder von dem neuen Schulhaus?*

b) *Was meinte der Lehrer dazu?*

c) *Male das Schulhaus aus.*

Schule früher & heute an Stationen Grundschule – Bestell-Nr. 12 146

Schule im 19. Jahrhundert

! 1 Schulgeschichte

Lösungen

Aufgabe: a) In der Schule sollte den Kindern vor allem Gehorsam, Fleiß, Ordnung und Sauberkeit beigebracht werden.

Das Schulhaus

1 Schulgeschichte

Lösungen

Aufgabe:

a) Die Kinder fanden es sicher schade, dass nicht mehr so viel Unterricht ausfiel …

b) Der Lehrer war froh, dass er nun geregelt Unterricht halten konnte.

Schule früher & heute an Stationen

Der Schulsaal

1 Schulgeschichte

So etwa sah ein Schulsaal um 1900 in einer kleinen Dorfschule aus: Hinter dem Pult nahm der Lehrer Platz.
Die Schüler saßen in hölzernen Schulbänken. In den Tischen waren Vertiefungen für die Tintenfässer eingelassen. Tische und Bänke waren fest miteinander verbunden. So konnte keiner auf seinem Platz hin- und her rutschen, kippeln oder gar umfallen. Mädchen und Jungen saßen getrennt.
In einer Ecke des Klassenraumes stand der Ofen. Im Winter stand der Lehrer sehr früh auf, um ihn anzuheizen. Wenn es besonders kalt war, musste jeder Schüler ein Stück Holz für den Ofen mitbringen.

Aufgabe: *Vergleiche den Klassenraum von früher mit deiner Klasse!*
Was gab es früher in einem Klassenraum? Was gibt es heute in deinem Klassenraum? Zähle auf!

In der Klasse

1 Schulgeschichte

Die Schüler schrieben mit Griffeln auf Schiefertafeln. Hefte, Federn und Tinte waren zu teuer, eine Tafel konnte man immer wieder benutzen. An den Wänden hingen wenig Bilder oder Zeichnungen Es gab nur die Tafel und eine Landkarte. Wichtig war noch die Geige des Lehrers. Sie wurde im Musikunterricht fleißig gebraucht. Und dann mussten Bibel und Gesangbuch, Lineal und Zirkel, ein Globus und eine „Rechenmaschine" vorhanden sein.

Aufgabe:

Was gab es früher in der Klasse? Markiere die Dinge grün.

Was war zu teuer? Markiere die Sachen rot.

H	E	F	T	E	D	U	L	I	N	E	A	L	I	E
D	G	E	T	R	U	A	S	E	T	H	Z	A	U	G
R	E	C	H	E	N	M	A	S	C	H	I	N	E	R
D	I	C	H	T	E	Z	K	E	B	O	R	D	A	I
T	G	E	S	A	N	G	B	U	C	H	K	K	E	F
I	E	S	T	F	E	D	E	R	N	S	E	A	H	F
N	B	I	B	E	L	E	N	I	P	P	L	R	O	E
T	K	E	G	L	O	B	U	S	C	H	A	T	S	L
E	S	C	H	I	E	F	E	R	T	A	F	E	L	F

Schule früher & heute an Stationen
Grundschule – Bestell-Nr. 12 146
KOHL VERLAG

Der Schulsaal

Lösungen

Aufgabe:

Früher gab es hölzerne Schulbänke, die fest miteinander verbunden waren. So konnte man nicht kippeln. Es gab einen Ofen und das Pult des Lehrers.

Heute stehen die Tische meist in Gruppen zusammen, und es gibt einzeln stehende Stühle. An den Wänden hängen Bilder. In den Regalen oder Schränken gibt es Bücher, Spiele und Bastelmaterial.

In der Klasse

Lösungen

H	E	F	T	E			L	I	N	E	A	L		
	G										Z	A		G
R	E	C	H	E	N	M	A	S	C	H	I	N	E	R
	I			T							R	D		I
T	G	E	S	A	N	G	B	U	C	H	K	K		F
I	E			F	E	D	E	R	N		E	A		F
N	B	I	B	E	L						L	R		E
T			G	L	O	B	U	S				T		L
E	S	C	H	I	E	F	E	R	T	A	F	E	L	

Aufgabe: Zu teuer waren Federn, Hefte und Tinte.

Sauberkeit und Ordnung

!

1 Schulgeschichte

Ein weiteres Anliegen der Lehrer war die Ordnung und die Reinlichkeit. Aus dem Jahre 1887 wird berichtet:
„Es ist eine fast allgemein unter den Schulkindern verbreitete Unart, dass sie das Geschriebene von den Schiefertafeln ablösen, indem sie dieselben anspucken und mit der Hand oder einem Kleidungsstück abwischen. Im Schulzimmer ist ein Gefäß mit Wasser aufzustellen, worin die Schwämmchen und Abwischlappen anzufeuchten sind."

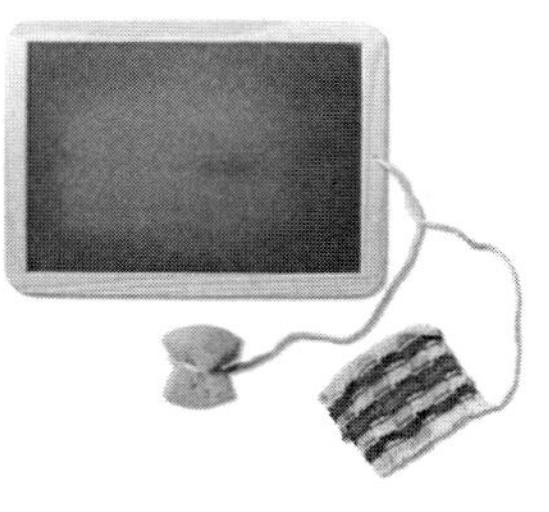

Aufgabe: a) *Wie würdest du die Anleitung oben ausdrücken?*

b) *Kannst du den Spruch rechts lesen?*

Frisch gewaschen und gekämmt,
Hals, Gesicht und auch die Händ'.
Willst du dir dein Näslein putzen,
darfst du nicht den Ärmel nutzen
und ein reines Taschentüchlein
darf auch nicht vergessen sein.

Der Tornister oder Ranzen

1 Schulgeschichte

Früher wie heute ist der Tornister eine kostspielige Sache. Anfang 1900 kostete ein Ranzen 2,50 bis 6 D-Mark. Das war aber billig; denkst du nun. Denn 1 Euro sind etwa so viel wie 2 D-Mark es waren.
Doch ein Hamburger Hafenarbeiter verdiente um 1900 etwa 87 D-Mark im Monat. Nachdem die Kosten für Miete, Kleidung und Arztrechnungen für die Kinder abgezogen waren, blieben der Familie nur noch 64 D-Mark zum Leben. Das ergibt für eine 5-köpfige Familie (Vater, Mutter und drei Kinder) etwa 2,20 D-Mark pro Tag. Du kannst weiter rechnen: Pro Person blieben 42 Pfennig! Schon eine Schiefertafel kostete in diesen Jahren 30 Pfennige. Sicher versteht ihr nun, warum es nicht so schnell eine neue gab, wenn die alte zerbrochen war!

Aufgabe: a) *Wie viel musste man Anfang des 20. Jahrhunderts für einen Tornister und eine Schiefertafel ausgeben?*

b) *Was könntest du dir heute für 42 Pfennig (etwa 20 Cent) zum Leben für einen Tag kaufen?*

Schule früher & heute an Stationen Grundschule – Bestell-Nr. 12 146

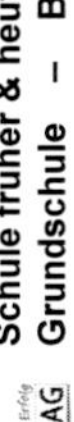

! 1 Schulgeschichte

Sauberkeit und Ordnung

Lösungen

<u>Aufgabe</u>:

a) Du sollst deine Tafel nicht mit Spucke reinigen und mit deiner Hand oder Kleidung abwischen. In der Klasse muss eine Schüssel mit Wasser aufgestellt werden, wo Schwämme und Tafellappen angefeuchtet werden.

b) Frisch gewaschen und gekämmt
Hals, Gesicht und auch die Händ'.
Willst du dir dein Näslein putzen,
darfst du nicht den Ärmel nutzen
und ein reines Taschentüchlein
darf auch nicht vergessen sein.

 1 Schulgeschichte

Der Tornister oder Ranzen

Lösungen

<u>Aufgabe</u>:

a) Ein Ranzen kostete mindesten 2,50 D-Mark, eine Schiefertafel 30 Pfennige.

b) Vielleicht bekommst du heute für 20 Cent ein trockenes Brötchen ...

Schule früher & heute an Stationen

Der Schulweg früher und heute

2 Der Weg zur Schule

Zu Beginn des 20. Jahrhunderts gab es noch keine Schulbusse. Auch Fahrräder gab es selten. Von den oft weit abgelegenen Bauernhöfen mussten die Kinder einige Kilometer laufen, um zur Schule zu gelangen. In den 60iger Jahren des letzten Jahrhunderts wurden Schulbusse eingeführt.

Aufgabe: a) *Wie gelangten die Kinder früher zur Schule?*

b) *Wie stellst du dir die Wege früher vor? Gab es Straßen?*

c) *Beschreibe deinen Schulweg!*

d) *Wie viele Minuten dauert dein Weg zur Schule?*

e) *Wie viel Meter (Kilometer) misst dein Schulweg?*

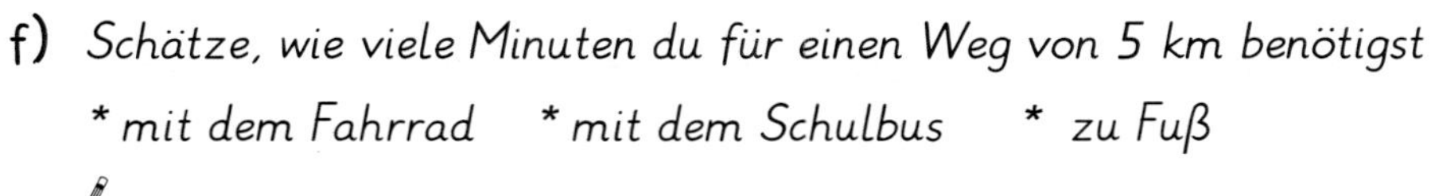

f) *Schätze, wie viele Minuten du für einen Weg von 5 km benötigst*

* *mit dem Fahrrad* * *mit dem Schulbus* * *zu Fuß*

__________ __________ __________

Schulwege auf dem Lande

2 Der Weg zur Schule

Aufgabe: *Betrachte die Karte und schätze die Länge der Schulwege nach Oberhaching für die Kinder von*

a) *Lanzenhaar:* ca. __________ Kilometer

b) *Kreuzpullach* ca. __________ Kilometer

c) *Ödenpullach* ca. __________ Kilometer

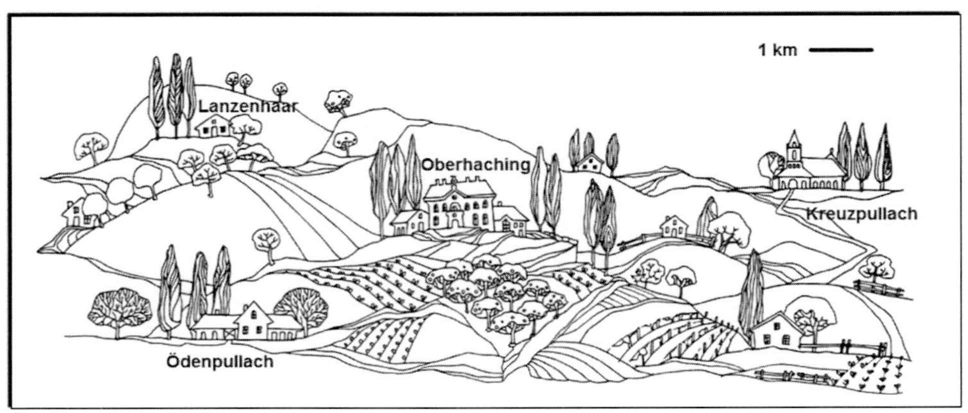

Schule früher & heute an Stationen
Grundschule – Bestell-Nr. 12 146
KOHL VERLAG

Der Schulweg früher und heute

2 Der Weg zur Schule

Lösungen

Aufgabe: a) Die Kinder gingen zu Fuß.

b) Es gab wenige Straßen und Wege. Und die waren nicht ausgebaut oder gepflastert, sondern steinig und uneben. Im Winter sicher auch oft verschneit oder matschig.

c) bis f) eigene Antworten

Schulwege auf dem Lande

2 Der Weg zur Schule

Lösungen

Aufgabe: Grob geschätzt, da die Kinder bergauf und bergab laufen mussten und die Wege auch Kurven enthielten:

a) Lanzenhaar ca. 4 km,
b) Kreuzpullach ca. 6 km,
c) Ödenpullach ca. 5 km.

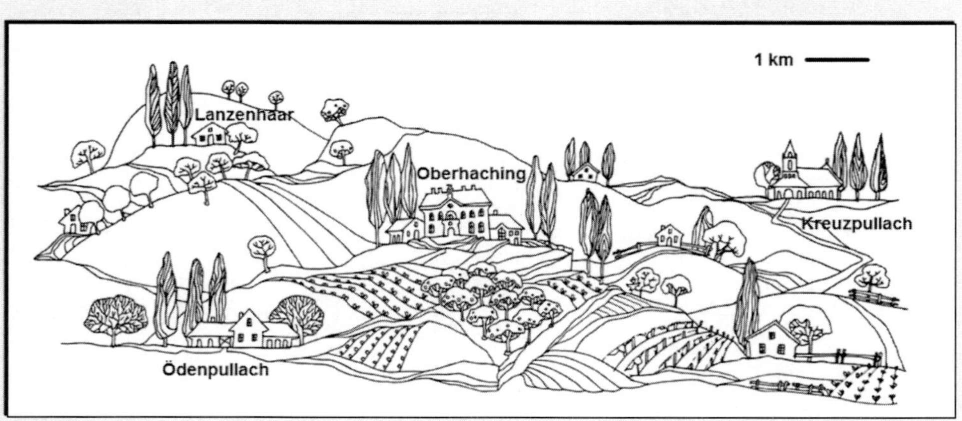

2 Der Weg zur Schule

Mein Schulweg

Aufgabe: Viele Kinder fahren mit dem Schulbus, gerade auf dem Land. Manche werden mit dem Auto gebracht, andere fahren Fahrrad oder können zur Schule laufen.

a) Wie kommst du zur Schule? Berichte!

b) Hier komme ich auf dem Weg zur Schule vorbei: Male auf!

Schule früher & heute an Stationen Grundschule – Bestell-Nr. 12 146
KOHL VERLAG

2 Der Weg zur Schule

Um meine Schule herum

Aufgabe: Gestalte ein Plakat deiner Schulumgebung. Welche Straßen, Gebäude (Schulen, Kirchen, Geschäfte, Feuerwehr ...) oder Parks, Sportplätze, Spielplätze liegen in der Nähe? Nimm das Bild als Beispiel.

Tipp: Zeichne erst mit Bleistift, dann kannst du leichter radieren, wenn etwas nicht stimmt!

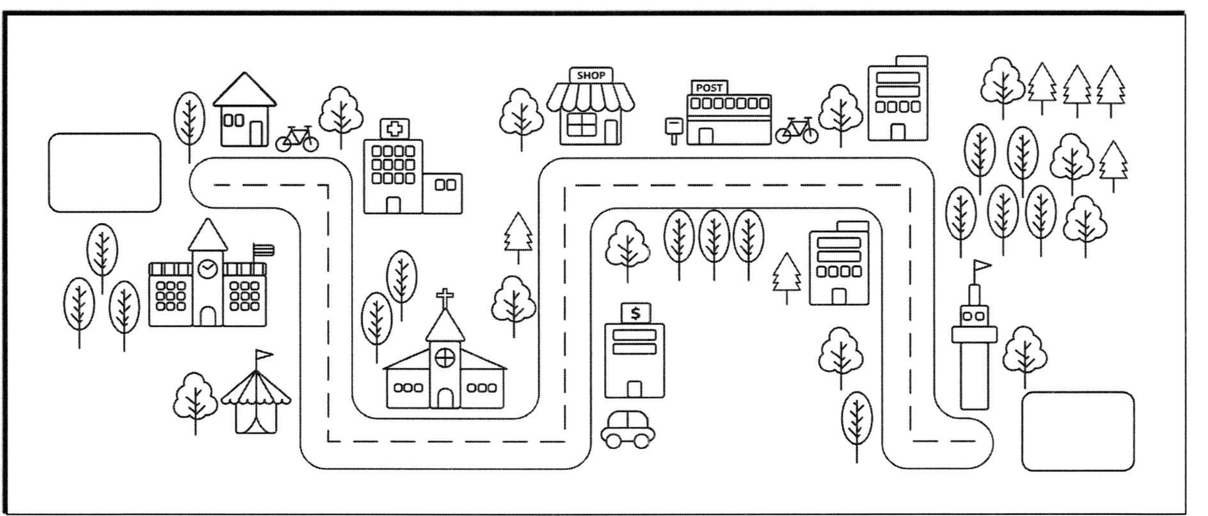

Schule früher & heute an Stationen Grundschule – Bestell-Nr. 12 146
KOHL VERLAG

2 Der Weg zur Schule

Mein Schulweg

Lösungen

Aufgabe: eigene Antworten

2 Der Weg zur Schule

Um meine Schule herum

Lösungen

Aufgabe: eigene Antworten; Beispiel:

2 Der Weg zur Schule

Das ist meine Schule

Sie heißt: ______________________
Die Adresse lautet: ______________________
Die Telefon-Nr. ist: ______________________
Der/die Direktor/in heißt: ______________________
Es gibt so viele Lehrer: ______
So viele Klassen gibt es: ______
Die Schule besuchen ______ Schüler.
Die Schule gibt es seit: ______

Schule früher & heute an Stationen Grundschule – Bestell-Nr. 12 146
KOHL VERLAG

2 Der Weg zur Schule

Regeln für den Schulbus

Aufgabe: *Viele Kinder fahren mit dem Bus zur Schule. Es gibt verschiedene Regeln. Bestimmt kennst du dich damit aus, auch wenn du nicht mit dem Schulbus fährst. Kreuze die richtigen Antworten an!*

		r	f
A	Ich gehe früh von zu Hause los, damit ich nicht zum Bus hetzen muss.		
B	Ich laufe niemals vor oder hinter dem haltenden Bus über die Straße!		
C	Wir toben, laufen, und spielen fangen an der Haltestelle.		
D	Wir halten mindestens 1 Meter Abstand zum heranfahrenden Bus.		
E	Wer beim Einsteigen kräftig drängelt, bekommt den besten Platz.		
F	Auch im Schulbus kann man wunderbar herumtoben und turnen.		
G	Wir bleiben auf unserm Platz sitzen und unterhalten uns.		
H	Wenn der Busfahrer uns etwas sagt, gehorchen wir.		
I	Wenn ich im Bus stehen muss, halte ich mich gut fest.		
J	Meinen Müll lasse ich im Bus herumliegen, den räumt schon jemand weg.		
K	Beim Aussteigen stoßen wir gegen die Türen, damit sie schneller aufgehen.		
L	Auch hier hilft drängeln: Ich bin dann schneller draußen.		
M	Autofahrer sehen mich ja, ich kann direkt über die Straße rennen.		
N	Ich warte, bis der Bus abgefahren ist, bevor ich die Straße überquere.		

Schule früher & heute an Stationen Grundschule – Bestell-Nr. 12 146
KOHL VERLAG

Das ist meine Schule

2 Der Weg zur Schule

Lösungen

Male ein Bild von deiner Schule!

Regeln für den Schulbus

2 Der Weg zur Schule

Lösungen

		r	f
A	Ich gehe früh von zu Hause los, damit ich nicht zum Bus hetzen muss.	X	
B	Ich laufe niemals vor oder hinter dem haltenden Bus über die Straße!	X	
C	Wir toben, laufen, und spielen fangen an der Haltestelle.		X
D	Wir halten mindestens 1 Meter Abstand zum heranfahrenden Bus.	X	
E	Wer beim Einsteigen kräftig drängelt, bekommt den besten Platz.		X
F	Auch im Schulbus kann man wunderbar herumtoben und turnen.		X
G	Wir bleiben auf unserm Platz sitzen und unterhalten uns.	X	
H	Wenn der Busfahrer uns etwas sagt, gehorchen wir.	X	
I	Wenn ich im Bus stehen muss, halte ich mich gut fest.	X	
J	Meinen Müll lasse ich im Bus herumliegen, den räumt schon jemand weg.		X
K	Beim Aussteigen stoßen wir gegen die Türen, damit sie schneller aufgehen.		X
L	Auch hier hilft drängeln: Ich bin dann schneller draußen.		X
M	Autofahrer sehen mich ja, ich kann direkt über die Straße rennen.		X
N	Ich warte, bis der Bus abgefahren ist, bevor ich die Straße überquere.	X	

3 Erfinder und Lehrmeister

Der Erfinder des Buchdrucks – Johannes Gutenberg

Gutenberg wurde um das Jahr 1397 in Mainz geboren. Früher wurden Bücher meist von Mönchen in den Klosterschreibstuben von Hand geschrieben oder abgeschrieben.
Gutenberg wollte diese Bücher, vor allem die Bibel, in großer Anzahl vervielfältigen.
Die Bibel besteht aus ca. 3 Millionen Buchstaben und Zeichen. So beschloss Gutenberg, Einzelbuchstaben aus Metall herzustellen. Nach dem Druck konnte er die Wörter zerlegen und die Buchstaben erneut verwenden. Der Druck dieser Bibel dauerte 3 Jahre und gilt bis heute als Meisterwerk. Heute sind weltweit von den knapp 200 Exemplaren noch 49 erhalten. Die letzte Bibel, die 1987 verkauft wurde, kostete ungefähr 5 Millionen Euro.

Aufgabe:

a) *In welchem Jahrhundert erfand Gutenberg den Buchdruck?*

b) *Johannes nannte sich Gutenberg nach dem Hof, auf dem er wohnte. Findest du seinen richtigen Namen heraus?*

3 Erfinder und Lehrmeister

So entstand früher ein Buch

Aufgabe:

So entstand zu Gutenbergs Zeiten ein Buch. Notiere die richtigen Nummern zu den passenden Bildern!

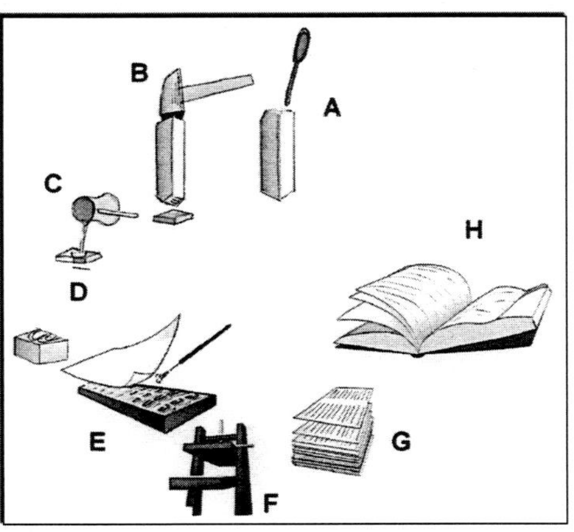

1 - ____ Nun wurden alle Buchstaben einer Buchseite in einem Rahmen angeordnet.	2 - ____ In einer Presse wurde ein Papierblatt fest angedrückt, sodass sich die Buchstaben darauf abbilden.
3 - ____ So entstand eine Bleiletter.	4 - ____ In diese Matrize wurde flüssiges Blei gegossen.
5 - ____ Aus hartem Material wurde ein Muster-Buchstabe (Letter) geformt.	6 - ____ War die Farbe trocken, konnte man die Seite abnehmen. Der Text war nun lesbar.
7 - ____ Dann wurde das Buch gebunden, das heißt, die Seiten miteinander befestigt und meist ein Ledereinband außen herum angebracht.	8 - ____ Diese Musterletter wurde in einen Block aus weichem Kupfer geschlagen. Es entstand ein Abdruck (eine Matrize).

Der Erfinder des Buchdrucks – Johannes Gutenberg

Lösungen

Aufgabe:

a) Johannes Gutenberg erfand im 15. Jahrhundert den Buchdruck.

b) Sein eigentlicher Name war Johannes Gensfleisch zur Laden, er wurde jedoch immer nur Gutenberg genannt. Der Sitz der Familie hieß „zum Gutenberg", und so entstand der Name.

!

So entstand früher ein Buch

Lösungen

Aufgabe: Zusammen gehören:
A – 5, B – 8, C – 4, D – 3, E – 1, F – 2, G – 6, H – 7

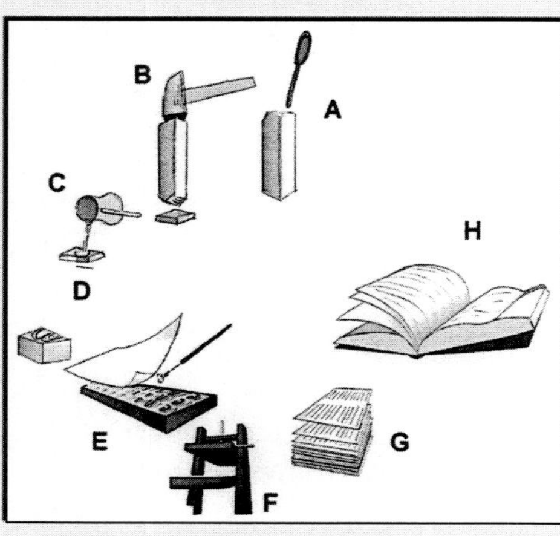

1 – E Nun wurden alle Buchstaben einer Buchseite in einem Rahmen angeordnet.	2 – F In einer Presse wurde ein Papierblatt fest angedrückt, sodass sich die Buchstaben darauf abbildeten.
3 – D So entstand eine Bleiletter.	4 – C In diese Matrize wurde flüssiges Blei gegossen.
5 – A Aus hartem Material wurde ein Muster-Buchstabe (Letter) geformt.	6 – G War die Farbe trocken, konnte man die Seite abnehmen. Der Text war nun lesbar.
7 – H Dann wurde das Buch gebunden, das heißt, die Seiten miteinander befestigt und meist ein Ledereinband außen herum angebracht.	8 – B Diese Musterletter wurde in einen Block aus weichem Kupfer geschlagen. Es entstand ein Abdruck (eine Matrize).

Gutenbergs Leben

Aufgabe: *Hier haben sich einige falsche Buchstaben versteckt. Lies sie der Reihe nach und du erfährst, wie das berühmteste Buch heißt, das Gutenberg gedruckt hat.*

Gutenberg wollte Bücher für alle Leute drucken. Bei seiner Arbeit als GGoldschmied kam ihm eine Idee: Er goss auus Metall kleine Buchstaben, die er dann mit Tinte bestrich und wie Stempel verwendette. Er machte natürlich nicht nur eineen Buchstaben, sondern er stellte für jeden Buchstabenn des Alphabets gleich mehrere Stempel her. Dazu auch die Satzzeichen wie Komma und Punkt. Gutenbberg ordnete die Buchstabensteempel in einem Rahmen zu einer ganzen Buchseite an. Da err mit dem großen Stempel nicht ggleichmäßig von Hand stempeln konnte, baute er eine BBuchpresse zur Druckpresse um. So war es mögliich, viele Bbuchseiten schnell zu drucken und meehrere Bücher herzustelllen.

3 Erfinder und Lehrmeister

Turnvater Jahn

Friedrich Ludwig Jahn (1778 – 1852) gilt als Gründer des Deutschen Turnsports. Geräteturnen an Pferd, Ringen, Schwebebalken und Klettergerüsten kamen neben der Leichtathletik zum Einsatz.
Er entwickelte das Turnen an Barren und Reck. Noch heute gibt es viele Turnvereine, die sich nach ihm nennen. Der erste Turnplatz Deutschlands ist der Turnplatz Hasenheide in Berlin. Er wurde 1818 durch Jahn eröffnet.

Aufgabe: *Richtig oder falsch? Kreuze an. Die richtigen Buchstaben nennen dir ein Lösungswort.*

a) Turnvater Jahn heißt mit Vornamen

A	Ludwig Franz	S	Friedrich Ludwig	E	Karl Friedrich

b) Zur Leichtathletik gehört

P	Laufen	O	Springen	F	Skilaufen

c) Der erste Turnplatz lag in

H	München	N	Hamburg	R	Berlin

d) Der erste Turnplatz wurde eröffnet im Jahre

E	1918	T	1818	U	1965

Schule früher & heute an Stationen Grundschule – Bestell-Nr. 12 146
KOHL VERLAG

3 Erfinder und Lehrmeister

Gutenbergs Leben

Lösungen

Aufgabe: Lösungswort: „**Gutenberg Bibel**"

Rechts siehst du eine Seite aus der Gutenberg-Bibel.

3 Erfinder und Lehrmeister

Turnvater Jahn

Lösungen

Aufgabe: Richtig ist:

a) Friedrich Ludwig
b) Laufen und Springen
c) Berlin
d) 1818

Lösungswort: **Sport**

Schule früher & heute an Stationen

Bekannte Pädagogen – Lehrmeister

Johann Heinrich Pestalozzi
Pestalozzi war ein Schweizer Pädagoge, der von 1746 bis 1827 lebte. Seine Vorstellung von Bildung umfasste die Schulbildung (Rechnen, Schreiben, Lesen), die Religion und die handwerkliche Bildung. Er strebte „Bildung mit Kopf, Herz und Hand" an.

Wilhelm von Humboldt
Humboldt war ein deutscher Gelehrter und Staatsmann. Er lebte von 1767 bis 1835. Er stellte sich ein dreistufiges Schulsystem vor: Die Elementarschule (nach Pestalozzis Methoden), das Gymnasium als Vorbereitung zum Studium und die Universität. Immerhin gelang es ihm und seinen Mitarbeitern 1810 das Lehramtsexamen einzuführen sowie 1812 Pflicht und Einheitlichkeit der Abiturprüfung festzulegen.

Aufgabe:
a) *Was wollte Pestalozzi erreichen?*
b) *Welche 3 Schulstufen stellte sich Wilhelm von Humboldt vor?*

3 Erfinder und Lehrmeister

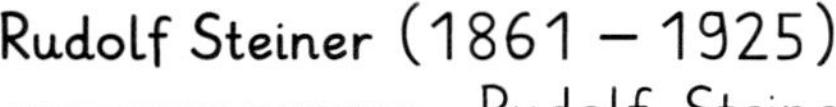

Besondere Pädagogen – Lehrmeister

Rudolf Steiner (1861 – 1925)

Rudolf Steiner erstellte Grundsätze für Medizin, Landwirtschaft, Kunst und die Waldorfpädagogik: zwölf Jahre Regelschulzeit, gemeinsame Erziehung von Jungen und Mädchen, zwei Fremdsprachen ab der ersten Klasse und praktisches Arbeiten. Steiner wollte, dass jeder Schüler einzeln nach seinen Anlagen und Talenten gefördert werden soll. Es gibt heute noch viele Waldorfschulen, die nach Steiners Regeln unterrichten.

Maria Montessori
Sie wurde 1870 in Italien geboren und starb 1952 in den Niederlanden. 1906 führte sie eine Bildungspädagogik ein, die lautet: Hilf mir, es selbst zu tun. Alle sollen voneinander lernen und sich gegenseitig helfen. Zwang gibt es nicht. Jeder gibt sein eigenes Tempo vor. Diese Montessori-Pädagogik wird heute noch in Schulen und Kindergärten angewandt.

Aufgabe: *Beschreibe mit deinen Worten, was diese beiden Lehrer für die Schulzeit der Kinder wünschten.*

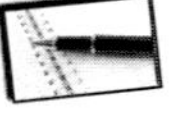

Schule früher & heute an Stationen Grundschule – Bestell-Nr. 12 146

Bekannte Pädagogen – Lehrmeister

3 Erfinder und Lehrmeister

Lösungen

Aufgabe:

a) Pestalozzi wollte, dass jeder Rechnen, Schreiben und Lesen lernte, sich in Religion auskannte und handwerkliche Fähigkeiten erwerben sollte.

b) Wilhelm von Humboldt stellte sich die drei Schulstufen so vor: die Elementarschule (nach Pestalozzis Methoden), das Gymnasium als Vorbereitung zum Studium und die Universität.

Besondere Pädagogen – Lehrmeister

3 Erfinder und Lehrmeister

Lösungen

Aufgabe:

Steiner wollte eine gemeinsame Erziehung von Jungen und Mädchen, was zu seiner Zeit – außer auf dem Land – nicht üblich war. Dazu sollte jeder Schüler nach seinen Fähigkeiten gefördert werden.

Maria Montessori war es wichtig, dass Erwachsene und Kinder einen verständnisvollen Umgang miteinander haben. „Hilf mir es selbst zu tun!"
So lernen die Schüler mit Spaß und Freude, denn sie wollen es ja selbst tun, das Schreiben, Lesen und 100 andere Dinge.
Jedes Kind darf sich individuell entfalten.

Schule früher & heute an Stationen

Vom Griffel zum Füller

Die Stifte wurden Griffel genannt. Sie waren aus Schiefer wie die Tafeln. Später schrieb man mit Federn, die meist von Gänseflügeln stammten. Ende des 17. Jahrhunderts kamen Bleistifte zum Einsatz. Ab 1850 wurden Stahlfedern hergestellt, die in einem Holzfederhalter befestigt wurden. Um 1900 begann die Herstellung von Füllfederhaltern, die aber ein sehr kostbares Schreibgerät darstellten. Ende des 20. Jahrhunderts wurden die Patronenfüller für alle Leute bezahlbar.

Aufgabe: *Ordne die Schreibgeräte nach ihrem Alter. Beschrifte sie.*

Griffel • Bleistift • Feder • Stahlfeder • Füller

Schule früher & heute an Stationen Grundschule – Bestell-Nr. 12 146

Der Bleistift

Bleistifte gibt es seit dem 16. Jahrhundert, wobei der Name „Bleistift" früher wie heute falsch ist. Die Mine besteht aus einem Grafit-Ton-Gemisch. Die ersten Bleistifte kamen aus England. Reisende Handwerker brachten sie nach Deutschland mit. Sie wurden um 1680 in Deutschland bekannt. 1726 gab es bei Nürnberg bereits Bleistiftmacher.
Der längste Bleistift der Welt ist 225,2 Meter lang und steht im Guiness-Buch der Rekorde. 2011 erreichte eine Nürnberger Firma den neuen Weltrekord. 56 Mitarbeiter waren damit beschäftigt.

Aufgabe: *Richtig oder falsch? Notiere die Sätze richtig in deinem Heft.*

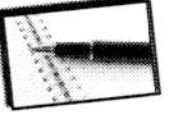

a) *Die Mine eines Bleistifts besteht aus Blei.*

b) *Die ersten Bleistifte kamen aus England.*

c) *Der längste Bleistift der Welt ist 700 m lang.*

d) *20 Arbeiter haben ihn geschaffen.*

e) *Ende des 16. Jahrhunderts wurden Bleistifte in Deutschland bekannt.*

Schule früher & heute an Stationen Grundschule – Bestell-Nr. 12 146

Vom Griffel zum Füller

Lösungen

Aufgabe:

Griffel	Feder	Bleistift	Stahlfeder	Füller

Der Bleistift

Lösungen

Aufgabe:

a) Die Mine besteht aus einem Grafit-Ton-Gemisch.
b) Die ersten Bleistifte kamen aus England.
c) Der längste Bleistift der Welt ist 225,2 Meter lang.
d) 56 Arbeiter waren damit beschäftigt.
e) Ende des 17. Jahrhunderts wurden Bleistifte in Deutschland bekannt.

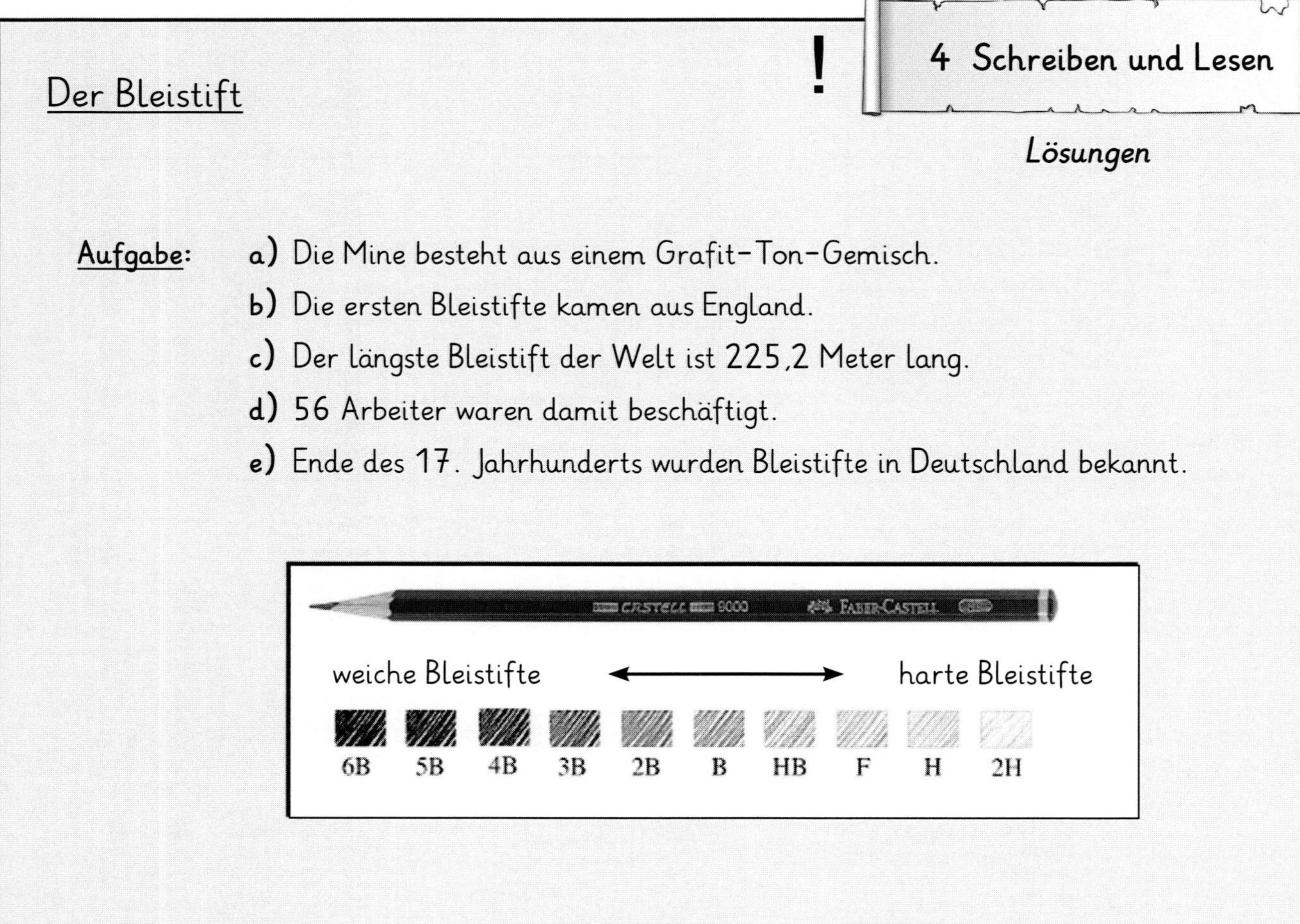

Die Buntstifte

!

1834 verkündete der Nürnberger Johann Sebastian Staedtler die Entwicklung des Buntstiftes, ein Jahr später gründete er seine Fabrik
Die Mine eines Buntstiftes wird aus verschiedenen Stoffen gemacht. Dazu gehören unter anderem Fette und Wachse. Am Wichtigsten sind aber die Farbpigmente. Das sind farbige Stoffe, wie zum Beispiel Rötel. Diese Stoffe werden mit weiteren vermischt, zusammengepresst und luftgetrocknet.
Für Buntstifte und auch für Bleistifte werden die Minen zwischen zwei Holzbrettchen mit Rillen gelegt. Die Holzbrettchen werden dann zusammengeklebt. Eine Maschine schneidet jetzt daraus Stifte in verschiedenen Formen (rund, dreieckig oder sechseckig). Schau genau hin: Oft kann man noch sehen, wo der Stift zusammengeklebt ist.
Heute werden die meisten Buntstifte in Brasilien (Südamerika) hergestellt.

Aufgabe:

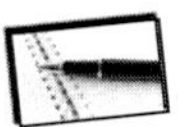

a) *Erkläre, wie Bleistifte und Buntstifte hergestellt werden.*

b) *Wo werden die meisten Buntstifte hergestellt?*

Schule früher & heute an Stationen Grundschule – Bestell-Nr. 12 146
KOHL VERLAG

Herstellung einer Schreibfeder

⊙!★

Ihr braucht:
- eine große Gänsefeder
  (am besten geeignet sind die Flügelfedern)
- Kerze
- Messer
- Tinte

So geht es:
- säubert die Feder ordentlich
- schneidet das untere Ende der Feder ab
- entfernt das Mark, das Innere der Feder
- schmelzt das Ende über der Kerze zusammen
- schneidet das Ende spitz zu

Schon ist das Schreibgerät fertig und kann mit Tinte benutzt werden.
Probiert es aus! Nicht klecksen!

Die Buntstifte

!

4 Schreiben und Lesen

Lösungen

Aufgabe: a) Für Buntstifte und auch für Bleistifte werden die Minen zwischen zwei Holzbrettchen mit Rillen gelegt. Die Holzbrettchen werden dann zusammengeklebt. Eine Maschine schneidet jetzt daraus Stifte in verschiedenen Formen (rund, dreieckig oder sechseckig).

b) Die meisten Buntstifte werden in Brasilien (Südamerika) hergestellt.

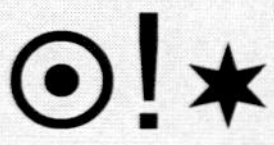

4 Schreiben und Lesen

Herstellung einer römischen Wachstafel

Du brauchst:

- Wachs (Kerzenreste),
- ein Holzbrettchen oder eine dicke Pappe
- 4 Leisten als Rahmen, Holzleim oder Alleskleber
- eine Herdplatte, einen Topf für ein heißes Wasserbad
- eine leere Konservendose, einen Bleistift.

So geht es:

- Zuerst klebst du die Leisten mit Holzleim als Rahmen auf den Rändern deines Brettchens fest, damit später das Wachs nicht auslaufen kann.
- Dann muss der Leim trocknen.
- Lege nun die Wachsreste in die Konservendose und stelle diese in einen Kochtopf mit Wasser. Wenn das Wasser kocht, schmilzt das Wachs und wird flüssig.
- Jetzt gießt du das heiße Wachs vorsichtig in den Holzrahmen. Warte nun, bis es wieder fest geworden ist!
- Nun kannst du deinen Namen oder ein Bild in dein Wachstäfelchen einritzen.

Schule früher & heute an Stationen

Schreiben auf der Schiefertafel

4 Schreiben und Lesen

Eine Schiefertafel kostete früher 30 Pfennig. Das war sehr viel Geld. War die Tafel zerbrochen, mussten arme Kinder um das Loch oder den Riss herum schreiben. Das sah gar nicht gut aus! Vielleicht gab es dann zum Geburtstag eine neue Tafel! Seit etwa 1960 gibt es in den Schulen keine Schiefertafeln mehr.
Der Lehrer sagte: „Holt eure Tafeln hervor!" Leise mussten diese auf den Tisch gelegt werden. Genauso leise wurde der Griffelkasten ausgepackt. Dann schaute der Lehrer, ob die Hausaufgaben ordentlich erledigt waren. Nun wurde die Tafel geputzt und war für neue Aufgaben bereit.
Der Lehrer forderte: Immer sauber, immer rein,
muß die Schiefertafel sein.

Aufgabe:

a) *Welche Vorteile und Nachteile hat das Schreiben auf der Tafel? Diskutiert!*

b) *Seit wann gibt es in den Schulen keine Schiefertafeln mehr?*

c) *Was forderte der Lehrer von seinen Schülern?*

Die Hausaufgaben

4 Schreiben und Lesen

Auf der Tafel anzufertigen:

Schreibe 3 Reihen „i"s auf deine Tafel. Die Buchstaben gehören ganz genau in die Reihe, sonst gab es am nächsten Tag Ärger.
Schüler, die ganz ordentlich geschrieben hatten, bekamen ein Fleißkärtchen.
Mancher Lehrer hatte eine Dose Bonbons im Pult. Waren die Hausaufgaben sehr gut, durften sich die Kinder einen aussuchen! Aber wehe, Zahlen und Buchstaben gingen über Reihe oder Kästchen hinaus!

Aufgabe:

a) *Füllt die drei Reihen oben aus. Euer Nachbar macht anschließend überall rote Striche, wo das „i" nicht genau zwischen den Linien sitzt!*

b) *Gestaltet ein Fleißkärtchen!*

4 Schreiben und Lesen

Schreiben auf der Schiefertafel

Lösungen

Aufgabe:

a) eigene Antworten, z. B.
gut: man kann leicht etwas verbessern,
schlecht: es kann aus Versehen etwas ausgewischt werden …

b) Seit etwa 1960 gibt es in den Schulen keine Schiefertafeln mehr.

c) „Immer sauber, immer rein, muss die Schiefertafel sein!"

4 Schreiben und Lesen

Die Hausaufgaben

Lösungen

Aufgabe:

a) Na, dafür gab es bestimmt kein Fleißkärtchen und auch keinen Bonbon!

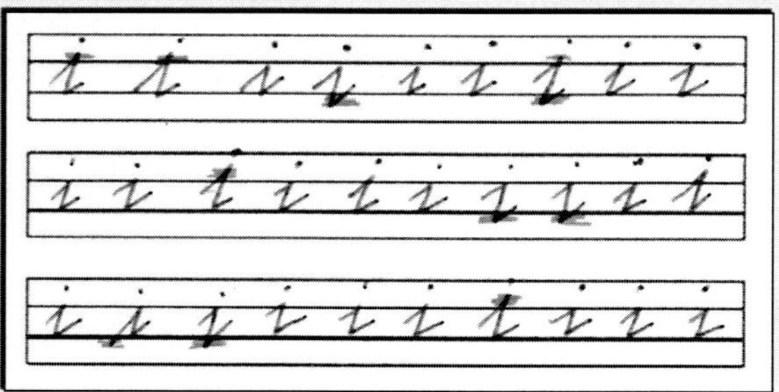

b) Fleißkärtchen sehen heute anders aus als früher!

Schule früher & heute an Stationen

Die alte „Deutsche Schrift“ oder Sütterlin-Schrift

!

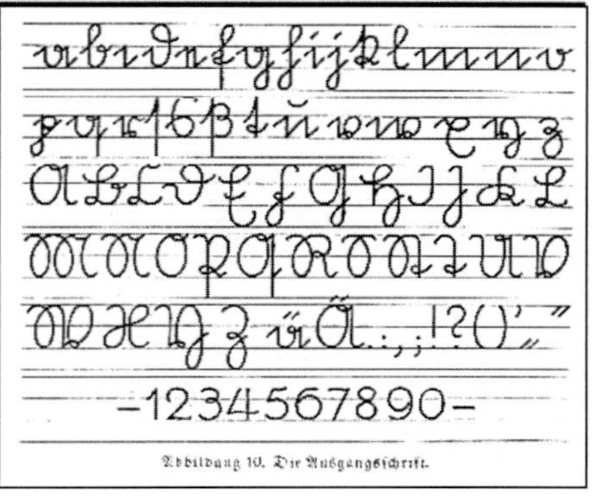

Nicht nur Sprache und Rechtschreibung ändern sich, sondern auch die Schrift. Hier seht ihr die Sütterlin-Schrift, die unsere (Ur)Großeltern benutzten.
Ludwig Sütterlin war ein Berliner Grafiker. Er lebte von 1865 bis 1917. Das preußische Kulturministerium beauftragte ihn 1911 mit der neuen Gestaltung der Schrift. Sütterlin gestaltete eine deutsche und eine lateinische Schrift für das „Erlernen von Schreibschrift“ in der Schule. Bis ungefähr 1960 wurde die deutsche Schrift an Schulen teilweise noch gelehrt. Da gab es das Fach „Schönschreiben“. In den übrigen Fächern wurde um diese Zeit die „Lateinische Schrift“ benutzt.

Aufgabe:

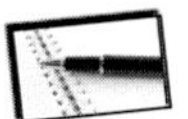

a) *Wann lebte Ludwig Sütterlin?*

b) *Vergleiche die lateinische Schrift Sütterlins mit deiner. Was hat sich wieder alles geändert?*

Schule früher & heute an Stationen Grundschule – Bestell-Nr. 12 146
KOHL VERLAG

4 Schreiben und Lesen

Schreiben mit Feder und Tinte

⊙!★

Aufgabe:

Du brauchst: Feder, Federhalter und Tinte.
Nun üben wir das „i“ wie es unsere Großeltern machten:
Auf, ab, auf, Pünktchen drauf!
Der Lehrer spricht vor, alle sprechen nach und malen dazu ihre „i“s.
Versucht es auch alle zusammen!
Denkt euch Sprüche für die anderen Buchstaben aus!

i i

n n

m m

ŭ u

n e

Schule früher & heute an Stationen Grundschule – Bestell-Nr. 12 146
KOHL VERLAG

Die alte „Deutsche Schrift" oder Sütterlin-Schrift

!

4 Schreiben und Lesen

Lösungen

Aufgabe: a) Ludwig Sütterlin lebte von 1865 bis 1917.

b) eigene Antworten

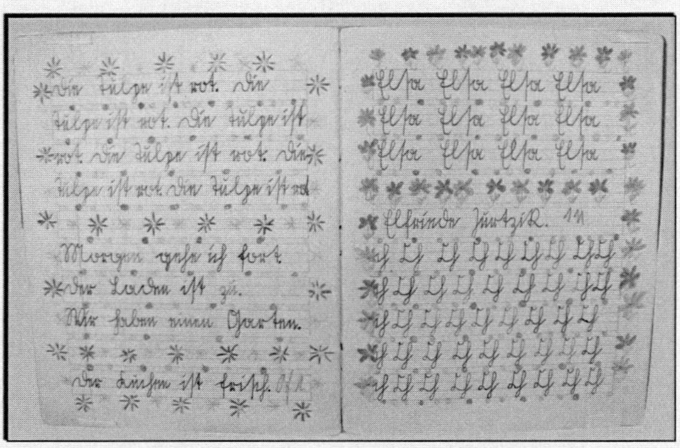

Ein Schulheft von vor etwa 100 Jahren.

Schreiben mit Feder und Tinte

⊙!★

4 Schreiben und Lesen

Lösungen

Und so sehen die Großbuchstaben aus:

J

N

M

U

E

Schule früher & heute an Stationen

Eine alte Fibel

Aufgabe: a) *So sah vor hundert Jahren eine alte Fibel aus. Schreibe die Wörter. Wie heißen sie?*

b) *Gestaltet weitere Fibelbilder. Wenn ihr viele verschiedene Seiten malt, gibt es ein Heft.*

Drachen	Blume	Korb
Apfel	Schaf	Hase

Schule früher & heute an Stationen Grundschule – Bestell-Nr. 12 146

Geheimschrift – dein Name

Aufgabe 1: *Versuche, deinen Namen in „Deutscher Schrift" in die Reihen zu schreiben!*

Aufgabe 2: *Kannst du diese Nachricht lesen?*

Morgen gibt es leider kein Schulfrei.

Schule früher & heute an Stationen Grundschule – Bestell-Nr. 12 146

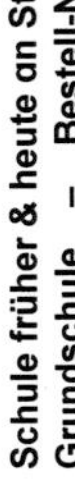

Eine alte Fibel

Lösungen

Aufgabe: a) Die Wörter: Drache, Blume, Korb, Apfel, Schaf, Hase

b) Beispiel für eine weitere Seite: Sonne, Igel, Eule, Buch, Frosch, Baum

4 Schreiben und Lesen

Geheimschrift – dein Name

Lösungen

Aufgabe 1: eigene Antworten

Aufgabe 2: *Morgen gibt es leider kein schulfrei.*

Schule früher & heute an Stationen

Schreiben früher und heute

Aufgabe: *Ergänze den Text mir den folgenden Wörtern:*

Griffel • Hefte • Tintenkiller • Radiergummi • Füller • Hefte • Bleistift • Tinte • Schiefertafel • Schwamm • Federn

Früher schrieben die Schüler mit einem ________ auf eine ________________.

Wenn sie einen Fehler machten, wischten sie das Wort mit dem ________________ weg und schrieben es neu.

__________, ____________ und ___________ waren für die Leute früher zu teuer. Heute schreiben die Schüler erst mit ____________, dann mit ____________________ in ihre _______________.

Fehler werden mit dem ____________________ oder ________________ verbessert.

Deutsche Druckschrift – Frakturschrift

So sah die „Druckschrift", auch Frakturschrift genannt, vor gut 100 Jahren aus. Du siehst eine Lesehilfe im „Deutschen Lesebuch" von 1912 und ein Gedicht in alter Schrift.

Aufgabe: *Schreibe das Gedicht in unserer heutigen Schrift auf. Bestimmt kennst du die Figur. Male ein Bild auf ein großes Blatt.*

A a,	B b,	C c,	D d,	E e,
A a,	B b,	C c,	D d,	E e,
F f,	G g,	H h,	I J i j,	K k,
F f,	G g,	H h,	I J i j,	K k,
L l,	M m,	N n,	O o,	P p,
L l,	M m,	N n,	O o,	P p,
Q q,	R r,	S ſ s,	T t,	U u,
Q q,	R r,	S s,	T t,	U u,
V v,	W w,	X x,	Y y,	Z z.
V v,	W w,	X x,	Y y,	Z z.

ch	ck	ſſ	ß	ſch	ſp	ſt	th	tz
ch	ck	ss	sz	sch	sp	st	th	tz

Sieh einmal, hier steht er.
Pfui! Der Struwwelpeter!
An den Händen beiden
ließ er sich nicht schneiden
seine Nägel fast ein Jahr;
kämmen ließ er nicht sein Haar
Pfui! Ruft da ein jeder:
garst'ger Struwwelpeter!

Schreiben früher und heute

Lösungen

Aufgabe:

Früher schrieben die Schüler mit einem **Griffel** auf eine **Schiefertafel**.
Wenn sie einen Fehler machten, wischten sie das Wort mit dem **Schwamm** weg und schrieben es neu. **Hefte, Federn** und **Tinte** waren für die Leute früher zu teuer. Heute schreiben die Schüler erst mit **Bleistift** und dann mit **Füller** in ihre Hefte. Fehler werden mit dem **Radiergummi** oder **Tintenkiller** verbessert.

4 Schreiben und Lesen

Deutsche Druckschrift – Frakturschrift

Lösungen

Aufgabe:

Sieh einmal, hier steht er.
Pfui! Der Struwwelpeter!
An den Händen beiden
Ließ er sich nicht schneiden
Seine Nägel fast ein Jahr;
Kämmen ließ er nicht sein Haar.
Pfui ! Ruft da ein jeder:
Garst´ger Struwwelpeter!

Schule früher & heute an Stationen

Die Geschichte des Papiers

4 Schreiben und Lesen ★

Aufgabe: *Setze die Wörter richtig in den Lückentext ein:*

Maschinen • Papierbahnen • Bambusfasern • Auto • angestiegen • Nürnberg

In China wurde vor ca. 2000 Jahren aus ____________________ das erste Papier hergestellt. Die erste deutsche Papiermühle wurde 1390 in ______________ in Betrieb genommen. Im Jahre 1799 wurde die erste Maschine zur Herstellung endloser ____________________ gebaut.
Seit dem Zweiten Weltkrieg (ab etwa 1950) ist der Verbrauch an Papier in Deutschland stark ________________. Daher musste die Papierindustrie immer größere und leistungsfähigere ________________ einsetzen. Eine moderne Papiermaschine arbeitet heute mit einer Geschwindigkeit von über 120 Stundenkilometern! So schnell darf man auf der Landstraße nicht mal ________ fahren! Altpapier ist mittlerweile die wichtigste Rohstoffquelle in Europa.

So entsteht ein Schulheft

4 Schreiben und Lesen ★

Das Papier ist erst auf großen Rollen aufgewickelt. Damit die Oberfläche glatt wird, läuft es über unzählige Walzen. Wenn es gleichmäßig dünn ist, werden die Linien oder Kästchen aufgedruckt.
Danach wird die Papierbahn geschnitten. Es entstehen Streifen. Diese Streifen werden nun in der gewünschten Anzahl übereinandergelegt. Bei einem Heft von 16 Seiten gehören also 8 Blätter übereinander. Jetzt kommt das Umschlagpapier dazu. Mit großen Tackern wird der Papierstapel mehrmals in der Mitte geheftet.
Nun erfolgt das Umwalzen, d. h. der Stapel wird in der Mitte gefaltet. Dann wird der Papierstapel noch mehrmals durchgeschnitten. So entstehen mehrere Hefte aus einem Stapel.

Aufgabe:

a) *Es sind acht Arbeitsgänge nötig, bis ein Heft fertig ist. Zähle sie auf!*

b) *Überlegt mal, wie viele Hefte und Blöcke ihr in einem Schuljahr verbraucht. Versucht, es in Kilogramm auszudrücken! Eine DIN-A4-Seite wiegt etwa 5 g, eine DIN-A5-Seite die Hälfte.*

Schule früher & heute an Stationen
Grundschule – Bestell-Nr. 12 146

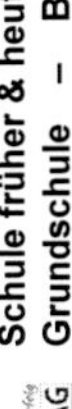

Die Geschichte des Papiers

Lösungen

Aufgabe:

In China wurde vor ca. 2000 Jahren aus **Bambusfasern** das erste Papier hergestellt. Die erste deutsche Papiermühle wurde 1390 in **Nürnberg** in Betrieb genommen. Im Jahre 1799 wurde die erste Maschine zur Herstellung endloser Papierbahnen gebaut. Seit dem Zweiten Weltkrieg (ab etwa 1950) ist der Verbrauch an Papier in Deutschland stark **angestiegen**. Daher musste die Papierindustrie immer größere und leistungsfähigere **Maschinen** einsetzen. Eine moderne Papiermaschine arbeitet heute mit einer Geschwindigkeit von über 120 Stundenkilometern! So schnell darf man auf der Landstraße nicht mal **Auto** fahren! Altpapier ist mittlerweile die wichtigste Rohstoffquelle in Europa.

So entsteht ein Schulheft

4 Schreiben und Lesen

Lösungen

Aufgabe:

a) Die 8 Arbeitsgänge sind: walzen, aufdrucken, schneiden, übereinanderlegen, Umschlagpapier zufügen, heften, umwalzen (falten), schneiden

b) freie Antworten

Schule früher & heute an Stationen

Vom Kerbholz zum Taschenrechner

Die ältesten Funde von Kerbhölzern oder Kerbknochen stammen aus der Steinzeit und sind über 30.000 Jahre alt. Sie dienten zum Zählen von Vieh, Speeren, Kindern .
Ebenso wurden dafür Schnüre aus Leder oder Pflanzenfasern benutzt, in die die jeweilige Anzahl von Knoten geschlungen wurden.

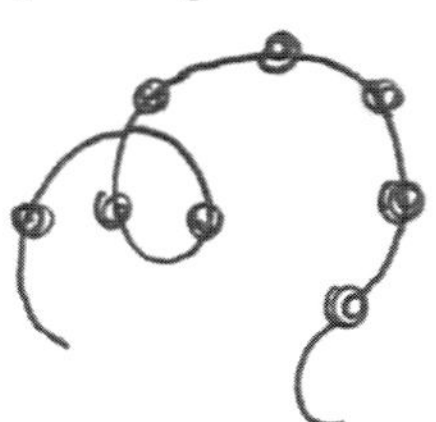

In Ägypten wurden die Zahlenzeichen erst in Stein gemeißelt. Mit der Entdeckung des Papyrus wurde erst mit einem Pinsel, dann mit Feder und Tinte darauf geschrieben. Auch das Rechnen mit Fingern und Zehen muss früher üblich gewesen sein, denn viele Zahlensysteme beruhen auf der 5er- (eine Hand) oder 10er- (beide Hände) Gliederung.

Aufgabe:

a) *Welche Hilfen wurden früher zum Rechnen genutzt?*

b) *Was ist Papyrus?*
Schaue im Lexikon oder Internet.

c) *Wann wurde Papyrus als Schreibmaterial entdeckt und benutzt?*

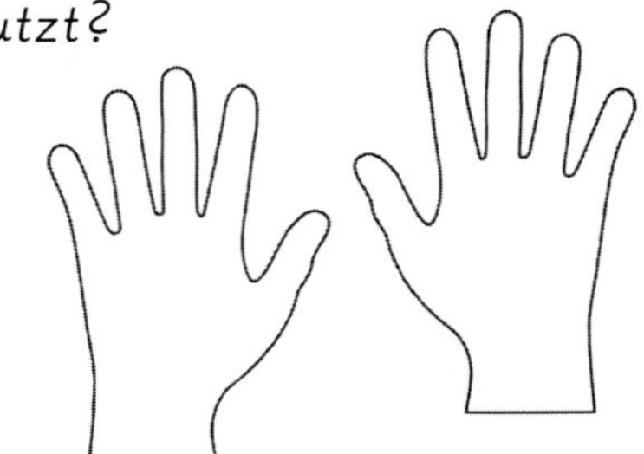

5 Rechnen

Nach Adam Riese ...

Adam Ries(e) lebte von 1492 bis 1559. Er war ein deutscher Rechenmeister und gilt als der „Vater des modernen Rechnens". Er zeigte, dass die römischen Zahlen nicht zu brauchen waren. Obwohl die Menschen schon lange zählten und rechneten, fehlte die Null. Auch im römischen Zahlensystem (I, II ... IX, X) gibt es kein Zeichen für die Null. So führte Adam Ries die arabischen Zahlenzeichen und damit auch die 0 ein. Die Redewendung „nach Adam Riese" wird heute noch gebraucht, wenn man sagen möchte: „Das stimmt!"

Aufgabe:

a) *Warum ist die Null wichtig?*

___

b) *Zeige es auch an Beispielen.*

___

KOHL VERLAG
Schule früher & heute an Stationen
Grundschule – Bestell-Nr. 12 146

Vom Kerbholz zum Taschenrechner

5 Rechnen

Lösungen

Aufgabe: a) Die Menschen früher nutzen Kerbhölzer, Schnüre mit Knoten darin oder Hände und Füße.

b) Papyrus ist ein Gras. Es kann bis zu 3 Metern hoch werden.

c) Papyrus wurde von den Ägyptern schon 3000 v. Chr. benutzt. Eine „Gebrauchsanleitung" stammt aus dem 1. Jh. nach Chr..

Nach Adam Riese ...

5 Rechnen

Lösungen

Aufgabe: a) Es ist ein Unterschied, ob ich 1 Bonbon oder 10 Bonbons habe. Auch z. B. bei Telefonnummern ist die 0 als „Platzhalter" wichtig. Früher schrieb man 102 ohne Null, dafür mit einer Lücke: 1 2. Dann gab es schon mal Streit darüber, ob nun eine 12 oder 102 gemeint war.

b) Von Null kann man nichts wegnehmen: Ein Kistchen mit Steinchen oder Stiften füllen und ein Kind auffordern, so und so viele herauszunehmen. Bei null Steinchen werden die Kinder begreifen, worum es geht. Andersrum kann man auch alle Steinchen rausnehmen und jemand bitten, 2 wegzunehmen – geht nicht!

Unsere Zahlen heute

Wir schreiben heute arabische Ziffern. Die Zahlen erfuhren einige Veränderungen, bis sie zu ihrem heutigen Aussehen kamen (siehe Bild).

[illegible]	Indisch 3. Jhd. v. Chr.
[illegible]	Indisch 8. Jhd. n. Chr.
[illegible]	Westarabisch 11. Jhd.
1 2 3 4 5 6 7 8 9 0	Europäisch 16. Jhd.
1 2 3 4 5 6 7 8 9 0	Neuzeit 20. Jhd.

Wie man sieht, wurde in Indien im 8. Jahrhundert die Zahl 0 den Ziffern von 1 – 9 hinzugefügt. Bei uns fand man es sehr schwierig, eine Zahl zu benennen, die nichts war, aber aus einer 5 durch Hinzufügen eine 50 machte. Adam Ries(e) führte nach einigem Widerstand dieses Rechensystem ein.

Aufgabe: a) *Wo und wann entstand die Null?*

b) *Warum ist die Null so wichtig? Finde Beispiele.*

Schule früher & heute an Stationen Grundschule – Bestell-Nr. 12 146
KOHL VERLAG

5 Rechnen

Ägyptische Zahlen

Auch die alten Ägypter hatten nicht nur ihre Schrift, sondern auch ihre Zahlen. Hier siehst du die Zahlenzeichen:

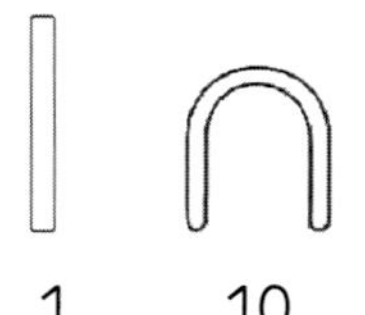

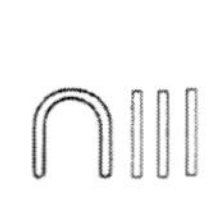

1 10 100 1000 200 13 1110

Aufgabe: *Schreibe die folgenden Zahlen mit ägyptischen Zeichen.*

13	32
111	122
215	2004

Schule früher & heute an Stationen Grundschule – Bestell-Nr. 12 146

5 Rechnen

Lösungen

Unsere Zahlen heute

!

Aufgabe:

a) Die Null entstand in Indien im 8. Jahrhundert.

b) Es ist ein großer Unterschied, ob du 1 Euro, 10 Euro oder sogar 100 Euro im Geldbeutel hast.

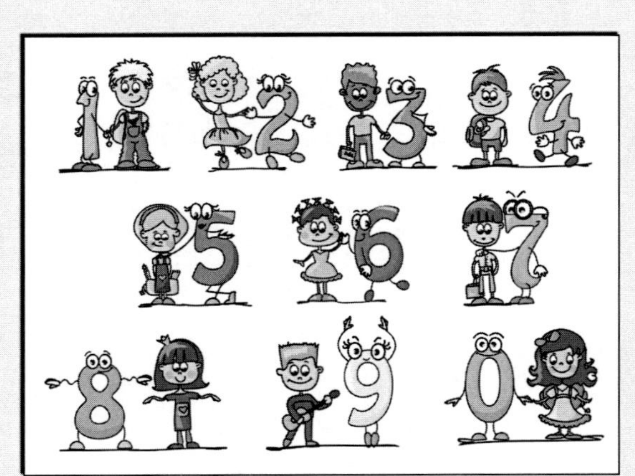

5 Rechnen

Lösungen

Ägyptische Zahlen

!

Aufgabe:

13	32
111	122
215	2004

Schule früher & heute an Stationen

Die römischen Zahlen

5 Rechnen

Auch heute noch benutzen wir die römischen Zahlen. Wir finden sie z. B. auf Uhren, oder als Nummerierung der Kapitel in Büchern.

I = 1	II = 2	III = 3	IV = 4	V = 5
VI = 6	VII = 7	VIII = 8	IX = 9	X = 10
L = 50	C = 100	D = 500	M = 1000	

Aufgabe: a) *Was wird öfters mit römischen Zahlen bezeichnet?*
b) *Schreibe die folgenden Zahlen in römischen Ziffern!*

88	46	53
162	503	1162

c) *An vielen berühmten Bauwerken ist das Jahr der Einweihung in römischen Ziffern angegeben. Wann wurde diese Kirche geweiht?*

Im Jahre MDCCCC XI ____________________

Römische Besonderheiten

!

5 Rechnen

Es gibt noch Besonderheiten: Eine Ziffer steht höchstens dreimal hintereinander. Die 4 schreibt man also nicht mit 4 Strichen, wie man meint. Die 4 liegt eins vor der 5, also nimmt man das Zeichen für die 5 und setzt einen Strich davor: IV. Genauso macht man es bei der 9: einen Strich vor die 10 = IX.

Aufgabe: a) *Jeder bekommt 10 – 12 Streichhölzer. Legt nun die folgende Aufgabe: III = III (3 = 3). Nun legt ihr die Hölzchen um und bildet neue Aufgaben: VI – IV = II. (6 – 4 = 2)*
Findet weitere Aufgaben. Schreibt sie in euer Heft und setzt unsere Zahlen dahinter. Stimmt die Rechnung?

b) *Schreibt die Lösung der Aufgaben in die Kästchen.*
Die grauen Felder ergeben das Lösungswort.
Es heißt: ____________________

XIV – XI =	D	R	E	I
IX – VII =				
II x IV =				
I + IX =				
VII – VI =				
III x III =				
XIV – IX =				

Die römischen Zahlen

5 Rechnen

Lösungen

Aufgabe: a) Die Zahlen werden oft als Aufzählungszeichen genutzt. In Büchern werden Kapitel nummeriert. Häufig sieht man sie auf Ziffernblättern von Uhren. Auch berühmte Menschen, die den gleichen Namen tragen, verwenden sie. Zum Beispiel Papst Johannes Paul II. oder König Friedrich II.

b)

88 LXXXVIII	46 XXXXVI	53 LIII
162 CLXII	503 DIII	1162 MCLXII

c) **1911** wurde die Kirche geweiht.

Römische Besonderheiten

!

5 Rechnen

Lösungen

Aufgabe: a) IV + I = V, IV + V = IX, IV − II = II.
4 + 1 = 5, 4 + 5 = 9, 4 − 2 = 2

b)

XIV − XI =	D	R	E	I
IX − VII =	Z	W	E	I
II x IV =	A	C	H	T
I + IX =	Z	E	H	N
VII − VI =	E	I	N	S
III x III =	N	E	U	N
XIV − IX =	F	Ü	N	F

Lösungswort: **Rechnen**

Der Abakus

5 Rechnen

Schon immer haben die Menschen versucht, sich das Leben leichter zu machen. So war es auch beim Rechnen. Zuerst behalf man sich mit Rechenbrettern: Tafeln wurden gleichmäßig mit Sand oder Staub bestreut. Darauf wurden die Striche und Rechenzeichen gemalt. Die Chinesen benutzten Holzstäbchen und ordneten sie auf den Rechenbrettern an.
So entstanden im Laufe der Zeit die verschiedenen Modelle des Abakus. In Ostasien, Indien und Russland wird heute noch häufig mit dem Abakus gearbeitet. Bei uns gibt es ihn in den Grundschulen auch unter dem Begriff „Rechentafel". Später wurden als weitere Rechenhilfen die Rechenscheibe und der Rechenschieber entwickelt.

Aufgabe:

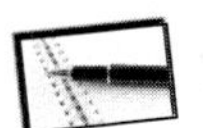

a) *Beschreibe, welche Hilfen die Menschen früher beim Rechnen nutzten.*

b) *Wo wird heute noch oft mit dem Abakus gerechnet?*

Die Rechenmaschinen

5 Rechnen

Wilhelm Schickart
Er erfand die erste „Rechenmaschine" im Dreißigjährigen Krieg (1623). Sie ist die erste Rechenmaschine der Welt, die durch Urkunden nachgewiesen ist.

Gottfried Wilhelm Leibniz (1646-1716) war ein deutscher Mathematiker und Diplomat. Leibnizens Rechenmaschine war ein erster, früher Vorgänger für die Rechenmaschine heute, den Computer.

In den 1960er Jahren lösten die ersten elektronischen **Tischrechner** die mechanischen Rechenmaschinen ab. Nach 1980 wurde der **Taschenrechner** zur Massenware und die Preise fielen schnell. Heute kann sich fast jeder einen Rechner leisten.

Aufgabe:

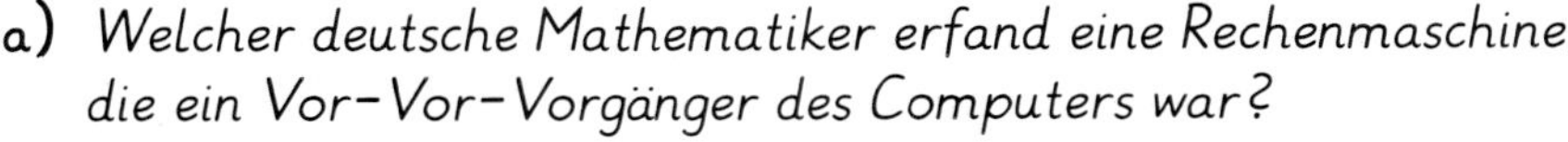

a) *Welcher deutsche Mathematiker erfand eine Rechenmaschine, die ein Vor-Vor-Vorgänger des Computers war?*

b) *Finde Bilder von alten Rechenmaschinen und ordne sie nach ihrer Entstehungszeit.*

Schule früher & heute an Stationen Grundschule – Bestell-Nr. 12 146
KOHL VERLAG

Der Abakus

5 Rechnen

Lösungen

<u>Aufgabe</u>: **a)** Zuerst behalf man sich mit Rechenbrettern. Es entstanden die verschiedenen Arten des Abakus. Später wurden die Rechenscheibe und der Rechenschieber entwickelt.

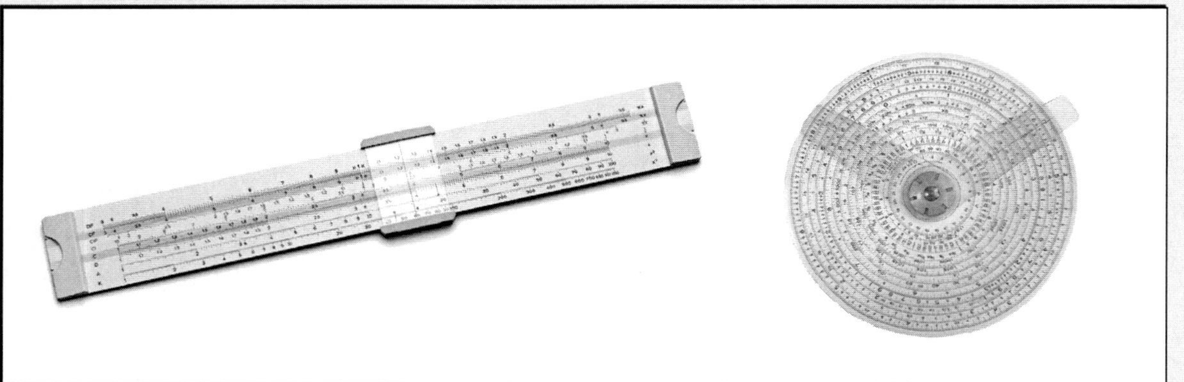

b) In Ostasien, Indien und Russland wird heute noch häufig mit dem Abakus gearbeitet.

Die Rechenmaschinen

5 Rechnen

Lösungen

<u>Aufgabe</u>: **a)** Das war Gottfried Wilhelm Leibniz.
Übrigens wurden die bekannten Leibniz-Kekse von Bahlsen 1891 tatsächlich nach Gottfried Wilhelm Leibniz benannt.

Gottfried Wilhelm Leibniz.

b) So veränderten sich die Rechenmaschinen:

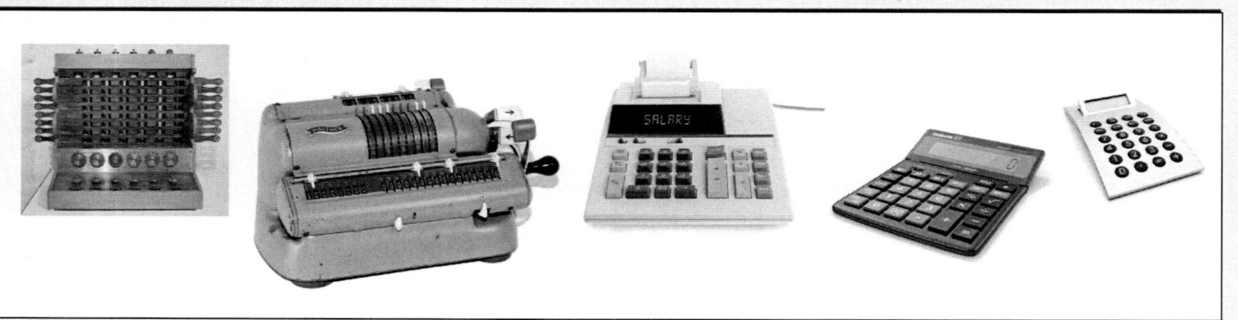

Schule früher & heute an Stationen

Der erste Schultag

Früher wie heute ist der erste Schultag ein wichtiges Ereignis. Für die Kinder gibt es seit Anfang des 19. Jahrhunderts dazu eine Schultüte, auch Zuckertüte genannt. Der Brauch kommt aus Sachsen und Thüringen. Dort erzählte man den Kindern, dass im Hause des Lehrers ein Schultütenbaum wüchse. Wenn die Schultüten groß genug wären, wäre es Zeit für den Schulanfang. Die Kinder der reichen Leute bekamen früher schon Süßigkeiten in ihre Schultüte gepackt. Die armen Kinder mussten mit Brot und Brezeln vorlieb nehmen.

Aufgabe:

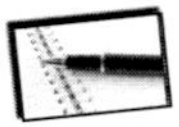

a) *Woher stammt der Brauch, am ersten Schultag eine Schultüte zu erhalten?*

b) *Wie stellst du dir den Schultütenbaum vor? Zeichne auf ein großes Blatt.*

c) *Schau die Schultüten rechts genau an: Gibt es Paare, die ganz gleich sind?*

6 Das Schulleben

Vornamen – früher und heute

Der Lehrer fragt die Kinder am ersten Schultag nach ihren Namen. Manche sind sehr schüchtern und wagen kein lautes Wort zu sagen. Doch jeder muss seinen Namen klar und deutlich sagen:
Fritz Meyer, Karl Völker, Martha Peters, Paul Müller, Gretel Liebig, Wilhelm Schmitz ...

Aufgabe:

a) *Wie heißen deine Großeltern und Urgroßeltern mit Vornamen?*

____

____

b) *Finde weitere alte Vornamen.*

____

____

c) *Welche alten Vornamen sind heute wieder beliebt? Schreibe sie auf.*

____

____

6 Das Schulleben

Der erste Schultag

Lösungen

Aufgabe: a) Der Brauch kommt aus Sachsen und Thüringen.

b) So könnte der Schultütenbaum aussehen:

c) Diese Schultüte ist doppelt da:
oben links und unten rechts.

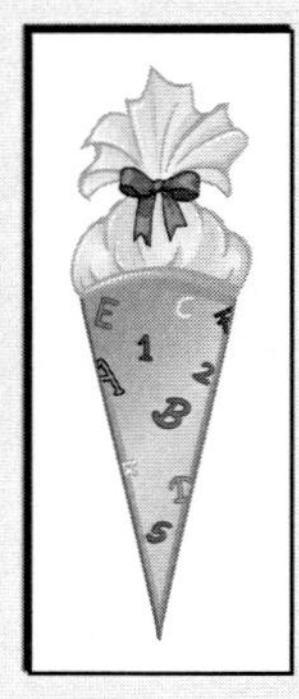

6 Das Schulleben

Vornamen – früher und heute

Lösungen

Aufgabe: a) eigene Antworten

b) eigene Antworten

c) Diese Vornamen z. B. sind wieder beliebt:
Amalie, Berta, Emma, Charlotte, Hanna, Frieda, Margarete, Luisa, Marie, Theresa, Viktoria, Martha, Pauline, Klara, Anna, Magdalena, Sarah, Maximilian, Wilhelm, Karl, Oskar, Peter, Hendrik, Frederik, Fridolin, Konrad, Lennard, Otto, Robert, Paul, Nils, Noah, Emil, Lukas, Martin

Die Schulordnung – früher

!

A) Ein ordentliches Schulkind wäscht sich jeden Morgen Gesicht, Hände und Hals. Es kämmt sich auch jeden Morgen.
B) Die Schüler finden sich pünktlich auf dem Schulhof ein.
C) Alle Schüler gehen in Zweierreihen ruhig und gesittet in die Klasse. Zuerst die Mädchen, dann folgen die Knaben.
D) Alle Schüler sitzen anständig und gerade.
E) Jedes Kind legt seine Hände geschlossen auf die Schulbank.
F) Die Füße werden nebeneinander auf den Boden gestellt.
G) Sprechen, Plaudern, Lachen, Flüstern, hin und her Rücken, heimliches Lesen und neugieriges Umhergaffen dürfen nicht vorkommen.
H) Das Melden geschieht bescheiden mit dem Finger der rechten Hand.
I) Bücher und Tafel werden auf Kommando hervorgeholt und weggelegt.

Aufgabe:

a) *Versucht, einen Tag „Schule früher" zu spielen. Auch euer Lehrer macht mit!*

b) *Wie gefällt euch das? Schreibt dazu einige Sätze.*

c) *Wie sieht eure Schulordnung aus? Beschreibt, wie ihr euch verhaltet.*

d) *Welche Punkte der Schulordnung von früher kommen in eurer Schulordnung nicht mehr vor?*

Schule früher & heute an Stationen Grundschule – Bestell-Nr. 12 146

6 Das Schulleben

Die Siebensachen der Schulkinder

Die Schulkinder brauchten für den Unterricht ihre Schiefertafel und den Griffelkasten mit den Griffeln. War die Tafel vollgeschrieben, wurde sie mit einem feuchten Schwamm abgewischt und mit einem Lappen getrocknet. Beides war am Holzrahmen der Tafel befestigt. Auch die Fibel gehörte in den Ranzen, dazu ein Schulbrot.

Aufgabe: *Hier ist einiges durcheinander.*
Schreibe die Siebensachen der Schulkinder richtig auf:

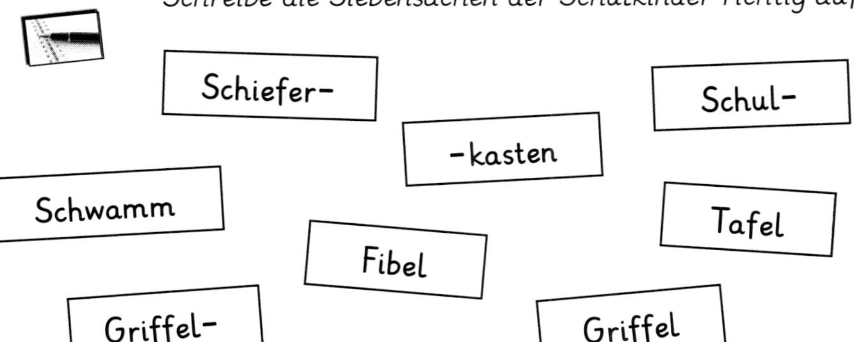

Schule früher & heute an Stationen Grundschule – Bestell-Nr. 12 146

Die Schulordnung – früher

! 6 Das Schulleben

Lösungen

Aufgabe: b) freie Antworten

c) Vorschlag: **Schulordnung**
Damit sich alle in unserer Schule wohlfühlen können, nehmen wir aufeinander Rücksicht und vereinbaren folgende Schulordnung:

1. Wir sind freundlich und höflich miteinander. Wir ärgern und beleidigen niemanden. Wir achten das Eigentum des anderen.
2. Wir toben und rennen nicht in den Klassenräumen. Wir stören nicht den Unterricht durch Reden und Lachen.
3. Wir sind höflich und respektvoll unseren Lehrern gegenüber.
4. Nur Notfallhandys sind erlaubt und bleiben ausgeschaltet im Ranzen.
5. Wenn es mal Streit gibt, tragen wir ihn mit Worten aus. Hauen, treten, beißen, spucken usw. ist verboten.
6. Wir verlassen das Schulgebäude und das Schulgelände nicht ohne Erlaubnis eines Lehrers.
7. Wir halten unser Schulhaus und unser Schulgelände sauber.
8. Wir kommen immer pünktlich. Wir gehen sorgfältig mit Arbeitsmaterialien, Spielen und Büchern um.

d) Punkt A, E, F und I kommen in eurer Schulordnung ganz bestimmt nicht vor.
Die anderen Punkte können in veränderter Form vorkommen.

Die Siebensachen der Schulkinder

6 Das Schulleben

Lösungen

Aufgabe: Die Schulkinder brauchten früher sieben Sachen:
Fibel, Schiefertafel, Schwamm, Tafellappen, Griffel, Griffelkasten, Schulbrot

Und heute?

Der Stundenplan um 1800

!

Aufgabe: *Dieser alte Stundenplan aus dem Jahre 1800 enthält sonderbare Unterrichtsfächer. Versuche, den Plan mit den heutigen Schulfächern zu schreiben!*

Lectionsplan für die obere Klasse einer Dorfschule um 1800

	Montag	Dienstag	Mittwoch	Donnerstag	Freytag	Sonnobend
	GEBET.					
I	Religionsunterricht, Gedächtnisübung und kurze Erklärung der wöchentlichen Sprüche.	Bibellesen, mit erklärenden und erbaulichen Bemerkungen.	Religionsunterricht.	Wie Dienstags. — Aufschlagen in der Bibel.	Wie Mittwochs.	Bibellesen und Anweisung zum Singen.
II	Übungen im eigenen Nachdenken.	Biblische Geschichte und in der letzten halben Stunde wird etwas von der Welt oder vom Erdboden erzählt	Orthographische Übungen, schriftliche Aufsätze, geschriebenes Lesen.	Übungen im eigenen Nachdenken, oder Kenntnis des menschl. Körpers, Gesundheitsregeln, Landesherrliche Gesetze.	Biblische Geschichte in der letzten halben Stunde Naturlehre, Naturgeschichte und Zeitrechnung.	Wie Mittwochs, oder Erzählungen, Sittenlehren, in der letzten halben Stunde werden die wöchentlichen Sprüche hergesagt.
III	Schreiben.	Rechnen.		Schreiben.	Rechnen.	

	Montag	Dienstag	Mittwoch	Donnerstag	Freitag	Samstag
I.						
II.						
III.						

6 Das Schulleben

Stundenplan um 1923

!

Aufgabe:

a) *Dieser Stundenplan ist schon eher verständlich. Welche Fächer werden bei euch nicht mehr unterrichtet? Wie heißen diese Fächer heute?*

4. Schuljahr	Stundenplan					Jahrgang 1923
	Montag	**Dienstag**	**Mittwoch**	**Donnerstag**	**Freitag**	**Samstag**
1.	Religion	Rechnen	Heimatkunde	Rechnen	Religion	Heimatkunde
2.	Heimatkunde	Deutsch	Deutsch	Turnen	Rechnen	Deutsch
3.	Deutsch	Deutsch	Schreiben	Heimatkunde	Deutsch	Turnen
4.	Rechnen	Zeichnen	Gesang	Deutsch	Schreiben	Religion
5.	Gesang	Turnen	Religion		Zeichnen	

b) *Zähle die Stundenanzahl der einzelnen Schulfächer und schreibe sie auf. Beispiel: Turnen 3 Stunden, Religion ____ Stunden, …*

c) *Welche Unterschiede findest du zu deinem Stundenplan?*

Schule früher & heute an Stationen Grundschule – Bestell-Nr. 12 146
KOHL VERLAG Lernen mit Erfolg

Der Stundenplan um 1800

!

Lösungen

Aufgabe:

	Montag	Dienstag	Mittwoch	Donnerstag	Freitag	Samstag
	Gebet					
I.	Religion	Lesen	Religion	Religion	Religion	Religion
II.	Denken ?	Religion	Sprache	Biologie	Biologie	Deutsch
III.	Schreiben	Rechnen		Schreiben	Rechnen	

6 Das Schulleben

Stundenplan um 1923

!

Lösungen

Aufgabe:

a) Heimatkunde zählt heute zum Sachunterricht,
Rechnen nennt sich Mathematik,
Gesang ist Musikunterricht,
Zeichnen fällt unter Kunst,
Turnen ist Sport,
Schreiben gehört zu Deutsch.

b) Turnen 3 Stunden, Religion 4 Stunden,
Heimatkunde 4 Stunden, Deutsch 7 Stunden,
Rechnen 4 Stunden, Gesang 2 Stunden,
Zeichnen 2 Stunden, Schreiben 2 Stunden

c) freie Antworten

Schule früher & heute an Stationen

Musik und Gesang

In den Gesangstunden wurden früher Volkslieder und Kirchenlieder gelernt. „Der Lehrer ist verpflichtet, seine Geige ordentlich zu halten", hieß es. Denn er musste den Kindern die Melodien vorspielen. Dann sangen alle laut mit. In vielen Schulen wurde auch zu Beginn und Ende des Unterrichts gesungen.

Aufgabe: a) *Hier stehen 4 Titel von Volksliedern. Leider sind sie durcheinandergeraten. Ordne sie und schreibe sie auf.*

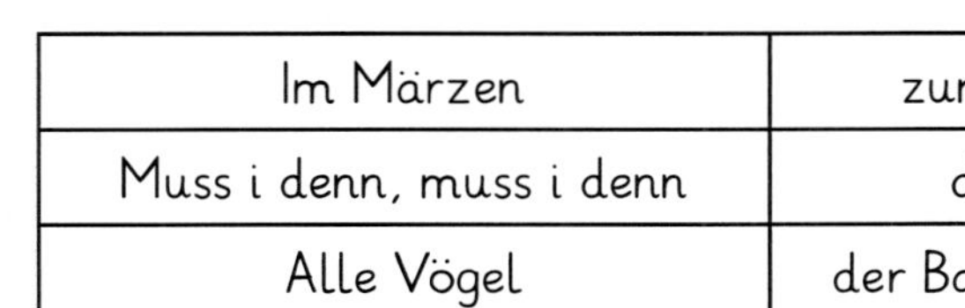

Im Märzen	zum Städtele hinaus
Muss i denn, muss i denn	des Müllers Lust
Alle Vögel	der Bauer sein Rösslein …
Das Wandern ist	sind schon da

b) *Welche weiteren Volkslieder kennt ihr? Könnt ihr sie singen?*

6 Das Schulleben

Heimatkunde

In den 50er und 60er Jahren des letzten Jahrhunderts wurde ab dem 3. Schuljahr Heimatkunde erteilt.
Die Kinder erfuhren viel über die Geschichte der Stadt, ihre Entstehung, Bauwerke, Einwohner, Wirtschaft und Besonderheiten. Doch man muss nicht in einer Großstadt wohnen, um Interessantes über seine nähere Umgebung herauszufinden.

Aufgabe:

a) *Zeichne deinen Wohnort ungefähr auf der Karte ein und beschrifte ihn. In welchem Bundesland liegt er?*

b) *Wie und wann ist der Ort (die Stadt) entstanden? Forsche nach.*

c) *Was gibt es Besonderes in der Umgebung? Beschreibe, was es bei euch alles gibt.*

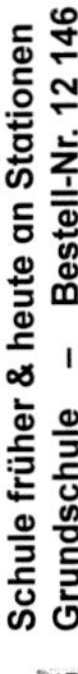

Musik und Gesang

Lösungen

Aufgabe: a) Im Märzen der Bauer
Muss i denn, muss i denn zum Städele hinaus
Alle Vögel sind schon da
Das Wandern ist des Müllers Lust

b) Zum Beispiel:
Ein Jäger aus Kurpfalz .
Es klappert die Mühle .
Guten Abend, gut' Nacht .
Horch, was kommt von draußen rein? ...
Am Brunnen vor dem Tore .
Auf de schwäb'sche Eisebahne .
Im schönsten Wiesengrunde .
Im Wald und auf der Heide .
Kein schöner Land in dieser Zeit .
Lustig ist das Zigeunerleben .

6 Das Schulleben

Heimatkunde

Lösungen

Aufgabe: a) eigene Antworten

b) eigene Antworten

c) Denke an Zoos, Freizeitparks, Fußballplätze, Reiterhöfe, Freibäder, Kino, Theater .)

Ein Tag in der Klasse 3 um 1960

Aufgabe: *In dem Bericht findest du eine Reihe doppelter Buchstaben, die unnötig sind. Hintereinander gelesen sagen sie dir, was früher wichtig war.*

Morgens stellten sich die Kinder auf dem Schulhof in 2er RReihen auf. Ruhig gingen wir in unsere Klasse. Sobald die alte Leehrerin erschien, grüßten wir einsstimmig: „Guten Morgen, Fräulein Ppiepenstock!".
Es folgte das Morgengebeet.
Anschließend kkontrollierte Fräulein Piepenstock, ob Hände und Fingernägel sauber waren und alle ein reines Taschentuch dabei hatten. Mit dem Rohrsttock schritt das Fräulein durch die Reihen, aber nur die Jungen bekamen hin und wieder eins auf die Finger. Die Mädchen wuurden mit trauriger Stimme getadelt. Alle hatten großen Respekt vor Fräulein Piepenstock. Mit Vornnamen hieß sie Eugenie. Ddoch auch darüber traute sich keiner Witze zu machen. Hin und wieder brachte eine Schülerin einen Strauß Blumen für die Lehrerin mit. Darüber freute sie sich riesigG und stelltee ihn auf ihr Pult.
Dann begann der Unterricht. Es hherrschte Ruhe. Wer etwas sagen woollte, musste sich melden. Niemand wäre auf die Idee gekommen, im Unterrricht zu esssen, zu trinken oder gar Kaugummi zu kauen! Auch leises Schwaatzen mit dem Nachbarn kamm nicht in Frage.

6 Das Schulleben

Belohnungen und Strafen

!

Bis heute hat sich an den Belohnungen nicht viel geändert. Es gab Fleißkärtchen, gute Noten und Schulpreise. Bei den Strafen sieht es anders aus.
Hier liest du die bayrischen Vorschriften von 1871:

A. Mahnungen, Warnungen und Drohungen
B. Verweise, erst privat, dann öffentlich
C. geringe Noten, die auch den Eltern angezeigt werden
D. Stehen in und außer der Schulbank
E. Versetzung auf eine eigene Bank (wurde auch die Eselsbank genannt!)
F. Schulzimmerarrest – ist den Eltern anzuzeigen
G. Gröbere Vergehen, welche Bosheit des Herzens zum Grunde haben, sind durch körperliche Züchtigung mit der Rute zu bestrafen.
H. Bleibt auch diese Strafe ohne Wirkung, soll das Kind in einer Anstalt für verwahrloste Kinder untergebracht werden.

Aufgabe: *Drücke die Strafen mit deinen Worten aus.*

Schule früher & heute an Stationen Grundschule – Bestell-Nr. 12 146

Ein Tag in der Klasse 3 um 1960

6 Das Schulleben

Lösungen

Morgens stellten sich die Kinder auf dem Schulhof in Zweierreihen auf. Ruhig gingen wir in unsere Klasse. Sobald die alte Lehrerin erschien, grüßten wir einstimmig: „Guten Morgen, Fräulein Piepenstock!". Es folgte das Morgengebet. Anschließend kontrollierte Fräulein Piepenstock, ob Hände und Fingernägel sauber waren und alle ein reines Taschentuch dabei hatten. Mit dem Rohrstock schritt das Fräulein durch die Reihen, aber nur die Jungen bekamen hin und wieder eins auf die Finger. Die Mädchen wurden mit trauriger Stimme getadelt. Alle hatten großen Respekt vor Fräulein Piepenstock. Mit Vornamen hieß sie Eugenie. Doch auch darüber traute sich keiner Witze zu machen. Hin und wieder brachte eine Schülerin einen Strauß Blumen für die Lehrerin mit. Darüber freute sie sich riesig und stellte ihn auf ihr Pult.

Dann begann der Unterricht. Es herrschte Ruhe. Wer etwas sagen wollte, musste sich melden. Niemand wäre auf die Idee gekommen, im Unterricht zu essen, zu trinken oder gar Kaugummi zu kauen! Auch leises Schwatzen mit dem Nachbarn kam nicht in Frage.

__Aufgabe:__ Lösungsworte: **Respekt und Gehorsam**

Belohnungen und Strafen

6 Das Schulleben

Lösungen

__Aufgabe:__

A. Mahnungen und Tadel
B. Verweise, schließlich öffentliche Verweise
C. Die Eltern werden über die schlechten Noten informiert.
D. Der Schüler musste im Unterricht stehen.
E. Der Schüler musste sich abseits auf eine Bank setzen.
F. Nachsitzen – wird den Eltern mitgeteilt
G. Prügel mit der Rute oder dem Stock
H. Der Schüler muss in ein Erziehungsheim.

Zeugnisse früher

!

Das erste deutsche Zensursystem wurde 1530 in Sachsen eingeführt. Die Schüler sollten sich zweimal im Jahr in Gegenwart von Pfarrer und Bürgermeister einer Prüfung unterziehen. Gute Leistungen wurden mit Semmeln (Brötchen) oder Ähnlichem belohnt.
Um 1850 waren in Preußen erst drei Notenstufen üblich. Bis Ende des 19. Jahrhunderts wurden sie auf 4 erweitert (1 = sehr gut; 2 = gut; 3 = genügend; 4 = ungenügend)
Heute gibt es in ganz Deutschland 6 Zensuren. Das System wurde 1938 eingeführt.

Aufgabe:

a) *Wann gab es die ersten Zensuren in Deutschland?*

b) *Welche 4 Noten gab es um 1900 in Preußen?*

c) *Welche Noten gibte es heute? Was bedeutet jede Note?*

6 Das Schulleben

Zeugnisse von Oma und heute

Zu den Kopfnoten gehörten Betragen, Mitarbeit und manches Mal noch „Häuslicher Fleiß".
Für die Mädchen gab es damals Handarbeit, für die Jungen Sport. Alle Zeugnisse waren von Hand geschrieben.
Viele Kinder haben Angst, wenn es Zeugnisse gibt. Das war auch früher nicht anders. Für ein schlechtes Zeugnis gab es dann Prügel oder Stubenarrest.

VOLKSSCHULE

Düsseldorf - Oberkassel
Schulort

Schule am Heerdt. Sandberg
Schulabteilung

Klasse III — Schuljahr 1960 / 61 — 1. Halbjahr

Betragen: sehr gut

Mitarbeit: sehr gut

Leistungen in den Einzelfächern

Religionslehre	gut	Heimatkunde	gut
Deutsche Sprache		Rechnen	gut
Lesen	gut	Bildhaftes Gestalten	
Aufsatz		Musik	
Sprachkunde	sehr gut	Handarbeit	sehr gut
Rechtschreiben	gut		
Schrift	gut		

Bemerkungen

Düsseldorf-Ok, den 15. Oktob. 1960

(Stempel)

Klassenlehrer:in: Eugenie Piepenstock

Schulleiter:

Gesehen:
Der Erziehungsberechtigte:

Aufgabe:

a) *Erkläre, was Stubenarrest bedeutet.*

b) *Warum waren die Zeugnisse früher von Hand geschrieben?*

c) *Vergleiche das Zeugnis links mit deinem Zeugnis. Notiere die Unterschiede.*

d) *Was hältst du von Kopfnoten? Begründe deine Meinung.*

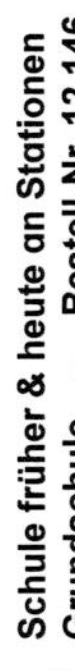

6 Das Schulleben

Zeugnisse früher !

Lösungen

Aufgabe:

a) Die ersten Zensuren in Deutschland gab es 1530.

b) Die 4 Noten waren:
1 = sehr gut; 2 = gut;
3 = genügend; 4 = ungenügend

c) Heute gibt es die Noten 1 bis 6:
1 = sehr gut, 2 = gut, 3 = befriedigend,
4 = ausreichend, 5 = mangelhaft,
6 = ungenügend.

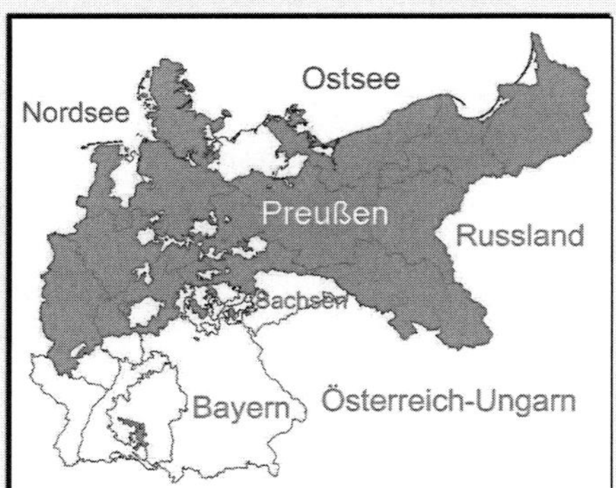

6 Das Schulleben

Zeugnisse von Oma und heute 

Lösungen

Aufgabe:

a) Hausarrest und Stubenarrest: Den Kindern wurde verboten, das Zimmer oder die Wohnung für eine bestimmte Zeit zu verlassen. Zur Schule mussten sie trotzdem gehen und auch sonstige Pflichten erfüllen.

b) Es gab früher keinen Computer. Es gab Zeugnishefte, und die konnte man nicht mal in die Schreibmaschine einspannen. Also mussten die Lehrer jedes Zeugnis ordentlich von Hand scheiben.

c) freie Antworten

d) freie Antworten

Schule früher & heute an Stationen

7 Spiele und Freizeit

Spiele auf dem Schulhof

In der Pause gehen alle Kinder auf den Schulhof. Ein Lehrer führt die „Aufsicht", damit keiner Dummheiten macht. Fangen und Verstecken waren auch früher schon beliebte Spiele.

Genauso gern spielten die Kinder mit Murmeln. Da gab es einfache, bunte Tonmurmeln. Später hatten die Kinder auch wunderschöne Glasmurmeln mit farbigen Streifen.

Für das Murmelspiel wurde einfach eine Kuhle in den Boden gegraben. Von einer 2–3 Meter entfernten Linie versuchte man nun, die Murmeln in die Kuhle zu werfen. Durch Schieben mit dem Zeigefinger konnte man die eine oder andere Murmel noch ins Ziel bringen. Wer die meisten Treffer hatte, war Sieger. Er durfte die Murmeln der anderen einstecken!

Aufgabe: *Erkläre jemanden, wie Fangen und Verstecken gespielt wird.*

Schule früher & heute an Stationen Grundschule – Bestell-Nr. 12 146
KOHL VERLAG

7 Spiele und Freizeit

Seilspringen

Seilspringen war schon 1892 bekannt (s. Bild). Auf dem Schulhof schwangen zwei Kinder das Seil, die anderen hüpften. Sobald einer auf das Seil trat oder aus dem Rhythmus kam, wurde gewechselt.

Für dieses Spiel brauchst du ein 4–5 Meter langes Seil (eine Wäscheleine reicht) und mindestens 3 Kinder. Zwei schwingen das Seil, einer springt. Es können auch 2 oder 3 Kinder zusammen springen. Wer einen Fehler macht, muss nun das Seil schwingen.

Dazu wurde gesungen und die passenden Bewegungen gemacht:

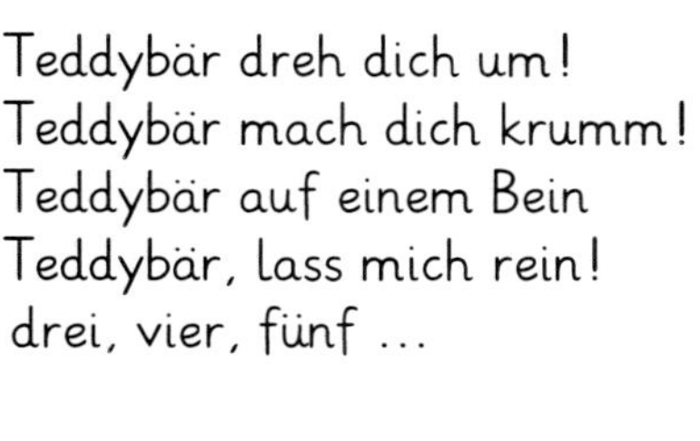

Teddybär, Teddybär dreh dich um!
Teddybär, Teddybär mach dich krumm!
Teddybär, Teddybär auf einem Bein
Teddybär, Teddybär, lass mich rein!
Eins, zwei, drei, vier, fünf ...

Aufgabe: *Findet weitere Abzählreime und Spiele!*

Schule früher & heute an Stationen Grundschule – Bestell-Nr. 12 146
KOHL VERLAG

7 Spiele und Freizeit

Spiele auf dem Schulhof

Lösungen

Aufgabe:

Fangen: Ein Mitspieler wird zum Fänger, alle andere verteilen sich im Raum oder in einem festgelegten Bereich. Der Fänger läuft los und versucht einen anderen Mitspieler zu fangen. Dafür muss er den anderen nur berühren. Sobald ein anderer Mitspieler berührt wurde, ist dieser der neue Fänger. Der alte Fänger muss nun ebenfalls weglaufen.

Verstecken: Mit einem Abzählreim wird bestimmt, wer anfängt. Er bleibt am Ausgangspunkt und beginnt laut bis 10 oder 20 zu zählen. Die Zeit haben die anderen sich zu verstecken. Alle Spieler laufen los und verstecken sich ganz still. Wenn der „Sucher" mit dem Zählen fertig ist, schreit er „1-2-3 ich komme!" Jetzt muss er versuchen, alle anderen Mitspieler zu finden. Wer zuerst gefunden wird, muss in der nächsten Runde suchen.

7 Spiele und Freizeit

Seilspringen

Lösungen

Aufgabe:

„Die Kaiserin von China, mit Namen Katharina, die war noch viel zu klein, um Kaiserin zu sein. Drum stieg sie immer weiter, auf der Hühnerleiter, 1, 2, 3, ..."

„Hilfe, Hilfe, ich ertrinke, in der tiefen, tiefen See liebe ... (Namen einsetzen) komm zu Hilfe."
(2. Kind springt ins Seil.)
„Kommst du nicht – dann hol ich dich, – mit dem Stock – versohl ich dich 1 – 2 – 3."
(Hier hüpft Kind 1 heraus und Kind 2 beginnt von vorne.)

„Die Uhr schlägt 12":
Wieder schlagen zwei Kinder das Seil und eines springt. Dabei wird der Text aufgesagt: „Die Uhr schlägt eins. Die Uhr schlägt zwei ... bis ... Die Uhr schlägt zwölf." Bei „Die Uhr schlägt eins" springt das Kind in das Seil hinein, springt einmal und sofort wieder hinaus. Dann folgt: „Die Uhr schlägt zwei." Hier springt das Kind in das Seil hinein, springt zweimal und dann wieder hinaus. Das geht bis zwölf so weiter, dann wird gewechselt. Auch bei diesem Spiel wird gewechselt, wenn der Springer einen Fehler macht.

Schule früher & heute an Stationen

7 Spiele und Freizeit

Hinkelkästchen oder Himmel und Hölle

Dann gab es noch das Hinkelkästchenspiel. Dazu brauchte man ein Stück Kreide und einen flachen Kieselstein. Auf den Boden wurden die Kästchen mit Kreide gemalt.

Spielanleitung:

1. Wirf einen kleinen Stein in das erste Feld, das nun nicht mehr betreten werden darf.
2. Hüpfe alle Felder durch, ohne auf eine Linie zu treten. Die Kästen der Zahlen 4 und 5 sowie 7 und 8 werden mit einem Grätschsprung zurückgelegt. Im Himmel darfst du Pause machen. Hüpfe dann zurück und nimm den Stein mit.
3. Nun wird der Stein in das 2. Feld geworfen. Weiter siehe Punkt 2.
4. Rutscht der Stein beim Werfen auf eine Linie oder gar ins nächste Feld, ist das ein Fehler. Du musst aussetzen.
5. Haben alle Kinder den Stein auf allen Feldern liegen gehabt, beginnt ein neues Spiel. Oder ihr hüpft dann alle auf dem linken Fuß!

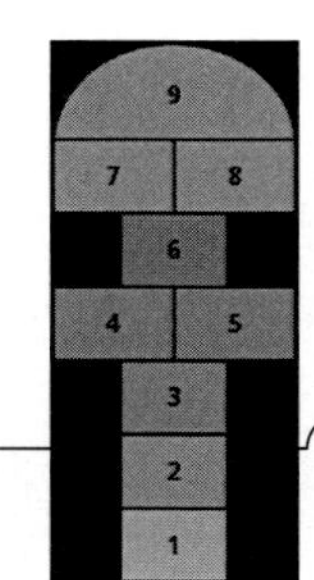

Aufgabe: *Man kann auch andere Hinkelkästchen aufmalen. Denkt euch einige aus und malt sie auf!*

7 Spiele und Freizeit

Gummitwist

Um 1960 war Gummitwist ein beliebtes Spiel. Sehr zum Ärger der Mütter, denn ihr Gummiband war immer verschwunden! Das Gummi (4–5 Meter sollten es schon sein) wird zu einem Ring verknotet. Zwei Kinder legen es sich um die Knöchel und spannen es ein wenig. Der dritte springt nun die festgelegten Figuren. Sobald er einen Fehler macht, wird getauscht.
Gestartet wird bei Stufe 1: Gummi an den Knöcheln. Bei fehlerfreiem Hüpfen geht es zur Stufe 2: Wade. Weiter mit Stufe 3: Knien, Stufe 4: Oberschenkel, Stufe 5: Hüfte. Wer schafft alle 5 Stufen fehlerfrei zu hüpfen? Und dann geht es weiter: die Breite wurde verändert. z. B. war das Gummi nur um ein Bein gespannt, oder die Füße stehen weiter auseinander ...
Man kann nach jeder Stufe den Springer wechseln. Bei einem Fehler muss bei der nächsten Runde die gleiche Stufe noch einmal gehüpft werden. Wer kommt am weitesten?

Aufgabe: *Die Sprünge werden von den Spielern verschieden festgelegt. Malt weitere Sprungfolgen auf. Probiert sie aus!*

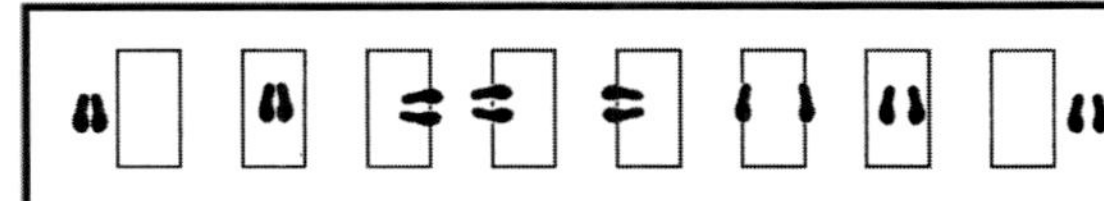

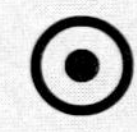

Hinkelkästchen oder Himmel und Hölle

Lösungen

Aufgabe: Himmel-und-Hölle-Varianten

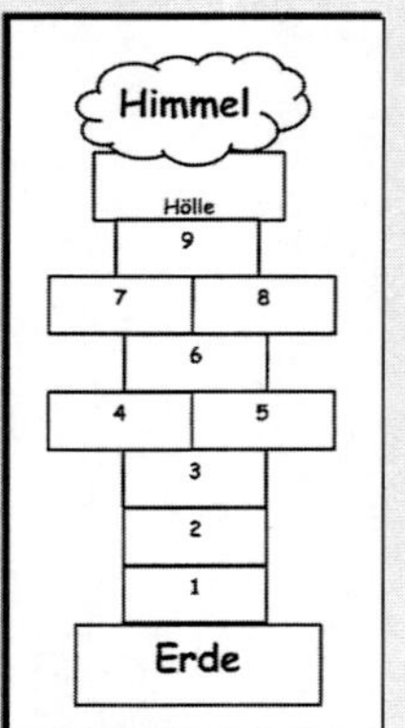

In dieser Variante ist das erste Feld mit dem Wort „Erde" bezeichnet, das vorletzte mit „Hölle" und das letzte mit dem Begriff „Himmel". Meist ist die Erde das Startfeld. Die Hölle ist grundsätzlich zu überspringen, das heißt, sie darf nicht betreten werden. In einigen Varianten gibt es Postfelder, landet der Stein hier, darf ab nun nicht mehr gesprochen oder gelacht werden, was die Mitspieler natürlich umso mehr reizt, den Teilnehmer dazu zu veranlassen.

Die Felder sind in Form einer Schnecke angeordnet, auf der man rundherum von außen nach innen hüpft. Nach einer kurzen Pause in der Mitte wird von innen nach außen zurück gehüpft.

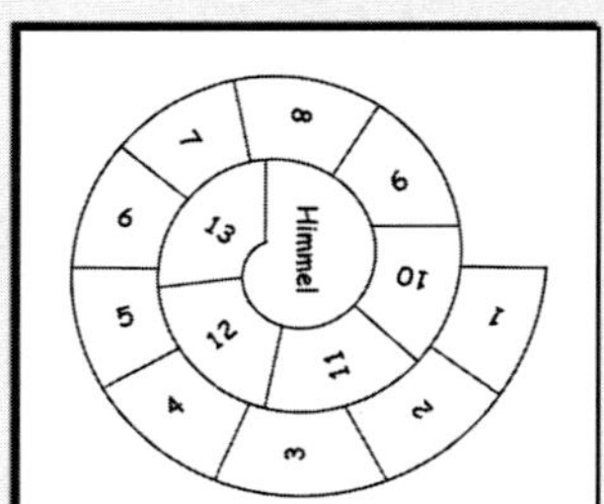

7 Spiele und Freizeit

Gummitwist

Lösungen

Aufgabe: Weitere Sprungfolgen

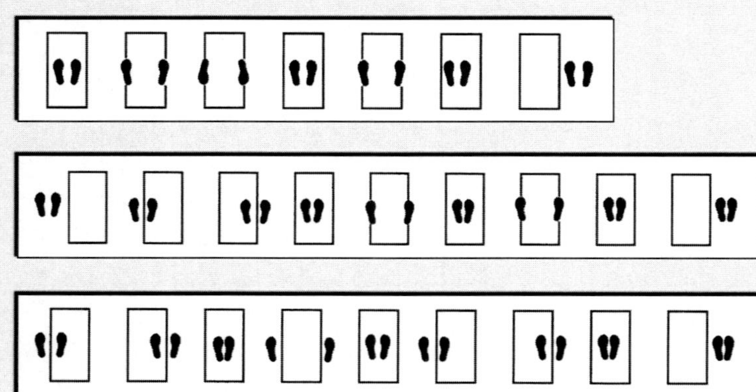

Und noch 2 Sprüche, damit ihr beim Springen nicht aus dem Takt kommt:

1. Empompi Kolonie Kolonastik – Empompi – Kolonie! – Akademie – Safari – Akademie – puff – puff!
2. Ho-ho-ruck-ruck – Donald-Donald-Duck-Duck – Mickey-Mickey-mouse-mouse – rein-rein-raus-raus.

Schule früher & heute an Stationen

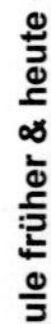

Spiele mit dem Ball

Montag, Dienstag

Mit einem Ball lässt sich ganz einfach das „Montag, Dienstag Spiel" durchführen. Man braucht nur den Ball und eine Wand. Bei Montag, Dienstag, Donnerstag und Freitag wird der Ball an die Wand geworfen und wieder gefangen. Bei Mittwoch, Samstag und Sonntag muss der Ball einmal auf dem Boden auftitschen, bevor er gefangen wird. Erst stehst du auf beiden Beinen, dann auf dem rechten, auf dem linken, mit dem Rücken zur Wand .

Aufgabe: *Welche alten Spiele kennst du noch? Frage auch deine Eltern und Großeltern! Schreibe eine Spielanleitung dazu. Spielt auf dem Schulhof.*

Das Spiel heißt: ______________________

Die Spielanleitung: ______________________

____

____

____

Das Reifenspiel

7 Spiele und Freizeit

Der Reifen ist ein sehr altes Spielzeug. Er war früher meist aus Holz gefertigt. Im 19. Jahrhundert war der Reifen für Jungen und Mädchen gang und gäbe. Wettläufe wurden veranstaltet, und trotz ihrer steifen Kleidung verbrachten auch die jungen Adligen ihre Zeit damit. Das Reifentreiben sieht zwar einfach aus, doch es erfordert viel Übung und Geschick, den Reifen aufrecht zu halten und vorwärts zu bewegen. Zum Treiben benutzte man einen kleinen Stock.

Eine Wiedergeburt erlebte der Reifen um 1960, als er aus Kunststoff, von dem Amerikaner Wham-O als Hula-Hoop-Reifen verkauft, in die Kinderzimmer zurückkehrte. Kinder und Erwachsene erfanden Kunststücke. Dauer-Hula-Hoopen machte allen Spaß.

Aufgabe:

a) *Wie spielten die Kinder früher mit dem Reifen?*

b) *Seit wann gibt es den Hula-Hoop-Reifen?*

c) *Wer erfand den Kunststoff-Reifen?*

d) *Treibt einen Reifen mit einem Stock an wie die Kinder früher. Welcher Reifen rollt am längsten?*

KOHL VERLAG Lernen mit Erfolg
Schule früher & heute an Stationen Grundschule – Bestell-Nr. 12 146

7 Spiele und Freizeit

Spiele mit dem Ball

Lösungen

Aufgabe: **Schweinchen – so geht es:**

Das Spiel wird mindestens mit 3 Kindern gespielt. Ein Mitspieler steht in der Mitte und ist das „Schweinchen". Die anderen werfen sich gegenseitig den Ball zu. Der Spieler in der Mitte muss versuchen, den Ball zu schnappen.

Sobald das „Schweinchen" den Ball gefangen hat, muss der Spieler in die Mitte, der den Ball geworfen hat. Er ist dann das neue „Schweinchen". Das kann der Spieler sein, der den Ball geworfen hat, es kann aber auch der Spieler sein, der den Ball nicht gefangen hat, obwohl der Ball gut geworfen wurde.

Bei dem Spiel gibt es keine Gewinner. Höchstens einen Verlierer, wenn das Schweinchen gar nicht mehr aus dem Kreis heraus kommt. Aber man kann eine gewisse Zeit bestimmen, nach der das Schweinchen auf jeden Fall wechseln muss.

7 Spiele und Freizeit

Das Reifenspiel

Lösungen

Aufgabe:

a) Die Kinder trieben den Reifen mit einem kleinen Stock an, sodass er rollte. So wurden Wettläufe veranstaltet.

b) Seit etwa 1960 gibt es den Hula-Hoop-Reifen aus Kunststoff.

c) Der Amerikaner Wham-O erfand den Reifen.

7 Spiele und Freizeit

Poesiealbum und Freundschaftsbuch

Heute gibt es Freundschaftsbücher. Dort hinein schreibt man beliebte Musiktitel, Fernsehsendungen, Filme und Berufswünsche. Dazu die besten Wünsche für den Besitzer des Buches. Das Poesiealbum diente früher dem gleichen Zweck: Freunde, Freundinnen, Eltern, Verwandte und natürlich die Lehrer schrieben einen Spruch hinein. Verziert wurde dieser mit den beliebten „Glanzbildchen", einem Highlight der Kinder, oder mit gemalten Bildern und Blumen.

Natürlich musste man dazu Glanzbilder haben. Und die wurden fleißig getauscht. Wer hatte die schönsten, die größten, welche hatten am meisten Glitter? Gesammelt wurden die Bilder in einer alten Zigarrenkiste. Heute stehen dafür die Sticker und das Stickerheft.

Aufgabe: *Notiere: was gab es früher, was gibt es heute dafür:*

früher	heute

7 Spiele und Freizeit

Sprüche fürs Poesiealbum

Aufgabe 1: *Hier liest du ein paar beliebte Sprüche, die früher ins Poesiealbum geschrieben wurden. Leider haben sich da einige Rechtschreibfehler versteckt. Notiere sie richtig.*

Lerne Ortnung, liebe sie,
sie erspart dir Zeit und Müh.

Rosen, Tulpen, Nelcken,
alle Blumen welken,
nur die eine nicht,
und sie heißt
Vergißmeinnicht.

Zwei Schlüsselchen öffnen dir
jedes Herz,
zwei kleine, silberne, blancke.
Sie heißen Bitte und Danke.

Aufgabe 2: *Gestalte für deine Freundin oder deinen Freund eine Seite im Poesiealbum. Schreibe einen passenden Spruch und klebe Bildchen oder Sticker auf. Malen kannst du natürlich auch!*

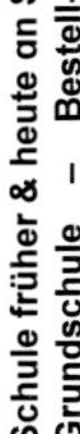

Schule früher & heute an Stationen Grundschule – Bestell-Nr. 12 146
KOHL VERLAG

Poesiealbum und Freundschaftsbuch

Lösungen

Aufgabe:

früher	heute
Poesiealbum	Freundschaftsbuch
Glanzbilder	Sticker
Zigarrenkiste	Stickerheft

7 Spiele und Freizeit

Sprüche fürs Poesiealbum

Lösungen

Aufgabe 1: So sind die Sprüche richtig:

Lerne Ordnung, liebe sie,
sie erspart dir Zeit und Müh.

Rosen, Tulpen, Nelken,
alle Blumen welken,
nur die eine nicht,
und sie heißt Vergissmeinnicht.

Zwei Schlüsselchen öffnen dir jedes Herz,
zwei kleine, silberne, blanke.
Sie heißen Bitte und Danke.

Aufgabe 2: eigene Gestaltung

Schule früher & heute an Stationen

Die Kleidung früher

! 7 Spiele und Freizeit

Die Mädchen trugen ein Kleid und darüber eine Schürze. Die ließ sich leichter waschen als ein Kleid. Denn damals musste man alles von Hand waschen, Waschmaschinen gab es nicht. Dazu musste man auch bügeln! Bei den reicheren Familien (Kaufleute und Adel) sah die Kleidung allerdings anders aus als bei den Bauern- und Arbeiterkindern.

Die Jungen trugen kurze Hosen und Strümpfe. Mit 14 Jahren erst bekamen die Jungen lange Hosen für den Winter. Wenn es sehr kalt war, trugen sie wie die Mädchen, lange, wollene Strümpfe. Die kratzten ganz schön! Wie auch bei den Mädchen waren die „besseren" jungen Herren anders gekleidet. Beliebt war der Matrosenanzug. Er besteht aus Hemd, Hose und Mütze.

Aufgabe:

a) *Finde Fotos von deinen Großeltern, wie sie zur Schule gingen! Vergleicht mit eurer Kleidung: Wie geht ihr in die Schule?*

b) *Zeichne ein Schulmädchen von früher!*

c) *Zeichne einen Schuljungen von früher!*

Die Kleidung heute

! 7 Spiele und Freizeit

Noch Mitte des 20. Jahrhunderts durften Mädchen höchstens im kältesten Winter Hosen tragen. Und dann nur mit einem Rock darüber! Mit Jeans zur Schule? Unmöglich! Ende der 60er Jahre wurde es etwas lockerer.

Aufgabe:

a) *Vergleicht mit eurer Kleidung: Wie geht ihr in die Schule?*

b) *Forsche nach und ordne ein: Was trug man früher, was heute zur Schule? Was gibt es früher und heute? Lege eine Tabelle an.*

Schürze, Turnschuhe, lange, wollene Strümpfe, Jacken, T-Shirts, Jeans, Kappen, Lederranzen, Rucksack, Jogginghose, Kleider, Röcke, Strumpfhosen

c) *Manche Modetrends gehören nicht in die Schule. Oder doch? Was meinst du zu kurzen Miniröcken, Baseballkappen, Sonnenbrillen und Jogginghosen im Unterricht?*

Schule früher & heute an Stationen Grundschule – Bestell-Nr. 12 146
KOHL VERLAG

Die Kleidung früher

!

Lösungen

Aufgabe: a) eigene Antworten

b) Vorschläge:

7 Spiele und Freizeit

Die Kleidung heute

!

Lösungen

Aufgabe: a) eigene Antworten

b) Früher trug man Schürzen, lange, wollene Strümpfe, Jacken, Lederranzen, Kleider und Röcke.
Heute trägt man Jeans, T-Shirts, Jacken, Turnschuhe, Strumpfhosen, Rucksack und Kappen.
Früher wie heute gibt es Kleider, Röcke und Jacken.

c) eigene Antworten

Schule früher & heute an Stationen

So entstand der Schulgarten

Früher stellte die Gemeinde dem Lehrer oft einen Garten zur Verfügung. So konnte er Obst, Gemüse und Kartoffeln für seine Familie und sich anbauen. Die Schüler mussten im Garten helfen. Bald stellte man fest, dass die Schüler so manches über Obstanbau und Gemüsezucht lernten. So richtete man später eigene Schulgärten ein.

Aufgabe: *Kreuze die richtigen Antworten an:*

a) Was ist in einem Garten zu tun?

A	gießen	B	pflanzen	C	radfahren

b) Warum richtete man Schulgärten ein?

A	zum Lernen	B	zur Erholung	C	zum Spielen

c) Was baute man im Garten des Lehrers an?

A	Kartoffeln	B	Orchideen	C	Gemüse

Schule früher & heute an Stationen Grundschule – Bestell-Nr. 12 146
KOHL VERLAG

7 Spiele und Freizeit

Was wächst im Schulgarten?

Auch heute gibt es viele Schulen, die einen Schulgarten angelegt haben. Während es früher eher Kartoffeln, Kohl, Bohnen, Rüben, Apfel- und Birnbäume gab, züchtet man heute mehr Tomaten, Salat, Kiwis, Zucchini und Paprika.

Aufgabe: a) *Was baut man in den Schulgärten an?*
Bilde aus den Silben Obst und Gemüsearten.

Äp • ben • Bir • Boh • chi • fel • feln • ka • Kar • Ki • kohl • kohl • lat • ma • Möh • nen • nen • ni • ren • Pa • pri • Rot • Rü • Sa • ten • To • tof • Weiß • wi • Zuc

b) *Was gab es schon früher, was sind eher „moderne" Obst- und Gemüsearten?*

Schule früher & heute an Stationen Grundschule – Bestell-Nr. 12 146

So entstand der Schulgarten

Lösungen

Aufgabe: Richtig ist: **a)** A und B, **b)** A, **c)** A und C

Was wächst im Schulgarten?

7 Spiele und Freizeit

Lösungen

Aufgabe:

a) Rüben, Weißkohl, Rotkohl, Kartoffeln, Salat, Äpfel, Zucchini, Tomaten, Möhren, Bohnen, Kiwi, Birnen

b) Früher gab es Kohl, Kartoffeln, Äpfel, Birnen, Rüben und Bohnen. Eher „modern" sind Tomaten, Paprika, Zucchini und Kiwi.

Schule früher & heute an Stationen